8

LN27

42082

MIRABEAU

A PONTARLIER

ÉTUDE BIOGRAPHIQUE

CONTENANT

PLUSIEURS DOCUMENTS INÉDITS

PAR

GEORGES LELOIR

PONTARLIER
IMPRIMERIE ET LIBRAIRIE VEUVE EMILE THOMAS
1886

MIRABEAU

A PONTARLIER

ÉTUDE BIOGRAPHIQUE

CONTENANT

PLUSIEURS DOCUMENTS INÉDITS

PAR

GEORGES LELOIR

PONTARLIER
IMPRIMERIE ET LITHOGRAPHIE VEUVE ÉMILE THOMAS
1886

MIRABEAU A PONTARLIER

PREMIÈRE PARTIE

Louis XVI ayant été sacré à Reims, le 11 juin 1775, il y eut à cette occasion de grandes fêtes dans tout le royaume. Le roi avait ordonné lui-même « aux archevêques et évêques de faire chanter le *Te Deum* dans toutes les églises de leurs diocèses, à ses lieutenants d'assister à celui qui serait chanté dans la principale église des places où ils commandaient, d'inviter les officiers de justice et autres de s'y trouver, de faire tirer le canon, faire des feux de joie, et donner toutes les marques de réjouissance publique usitées en pareil cas » (1).

La ville de Pontarlier, en Franche-Comté, n'échappa pas à la loi commune, et le comte de Saint-

---

(1) *Registre des délibérations du bailliage de Pontarlier*, 1751-1790, f° 104.

Mauris, lieutenant de roi au château de Joux, qui y commandait depuis dix ans, fut l'instigateur et l'organisateur des réjouissances, qui eurent lieu le 9 juillet. Il voulut même qu'un souvenir durable restât de ces fêtes, et, pour en être l'historiographe, il amena à Pontarlier un jeune gentilhomme qui, depuis quelques semaines, était retenu au château de Joux, en vertu d'un ordre du roi, « obtenu par ses parents à cause de sa grande dissipation d'argent et de sa mauvaise conduite en général » (1).

En effet, le comte de Mirabeau, alors âgé de 26 ans, avait déjà fait beaucoup parler de lui dans le monde. Son père, un grand seigneur de Provence, s'était acquis une célébrité moins par son livre, *L'Ami des hommes*, que par ses démêlés avec tous ses proches. Déjà séparé de sa femme et plaidant contre elle, le marquis de Mirabeau s'avisa, en 1774, de faire emprisonner son fils aîné, marié cependant depuis deux ans et déjà père lui-même. Quelque temps auparavant, il avait obtenu contre lui, du Chatelet de Paris, une sentence d'interdiction qui devait peser sur Mirabeau dans toute sa carrière et même à l'Assemblée constituante. Puis il l'avait fait exiler en Provence ; mais à la suite d'un décret de prise de corps, décerné contre Mirabeau à l'occasion d'une querelle, il sollicita et obtint contre lui une lettre de cachet. Mirabeau fut enfermé d'abord au château d'If, puis, après cinq mois, envoyé au château de Joux, où il vint seul, sans escorte, avec l'espoir d'une prison

---

(1) Déposition du comte de Saint-Mauris, *Information*, n° 2.

plus large, et même avec promesse d'avoir la ville de Pontarlier pour prison. Il arriva le 25 mai 1775. A dire vrai, il ne fut jamais bien étroitement resserré, car M. de St-Mauris, qui lui avait donné un appartement chez lui, lui laissait la liberté d'aller à la chasse et lui avait même prêté un fusil pour cela ; mais il ne souffrait pas que Mirabeau vînt à Pontarlier, et ceux de la ville qui voulaient le voir devaient faire la moitié du chemin pour se trouver avec lui dans la campagne. Quand vinrent les fêtes, tout changea : Mirabeau descendit à Pontarlier, il assista aux fêtes dont le sacre était l'occasion, et il en écrivit un si beau récit, que la municipalité, fière d'un tel honneur, fit auprès de lui une démarche en corps pour le remercier. Dès lors, Mirabeau eut la permission de venir à la ville, et bientôt d'y résider, car dans les derniers mois de 1775, il avait loué une chambre chez un perruquier nommé Bourrier.

Lorsque la liberté que Mirabeau avait de venir à la ville eut augmenté, il fut reçu dans toutes les maisons honnêtes et accueilli dans toutes les assemblées. Il fut ainsi présenté chez le marquis de Monnier, premier président honoraire de la Chambre des comptes de Dole ; M. de Monnier avait soixante-dix ans, la marquise n'en avait pas vingt-deux. Mariée à seize ans à ce vieillard, Marie-Thérèse-*Sophie* (1)

---

(1) On lit presque partout que le nom de *Sophie* n'avait été donné à Mme de Monnier que par Mirabeau ; c'est une erreur. Sans avoir vérifié l'acte de baptême, qui, quoi qu'on en ait dit, n'est pas à Pontarlier, nous constatons du moins que, dans toutes les pièces de la procédure, Mme de Monnier est désignée sous les prénoms de Marie-Thérèse-Sophie. On

Richard de Ruffey avait bien eu d'abord quelques intrigues de galanterie qui l'avaient légèrement compromise, mais elle passait cependant pour vertueuse. Mirabeau était d'une laideur rare, mais les charmes de son esprit en faisaient un grand séducteur; il était marié, mais la fidélité n'était pas sa vertu capitale, et sa femme, qui ne lui témoigna jamais beaucoup de tendresse, n'avait pas voulu venir le rejoindre : en sorte qu'il se laissa facilement entraîner à une passion qui devait être pour lui la source des aventures les plus romanesques.

Les amours de Mirabeau et de Sophie sont célèbres; on les a comparées parfois à celles d'Héloïse et d'Abeilard, bien qu'ayant été certes d'une nature moins platonique. Mais les biographes de Mirabeau, et M. Lucas de Montigny (1) à leur tête, pour conter cet épisode de la vie de leur héros, se sont servi uniquement des récits qu'il a bien voulu en faire lui-même, ou du moins des récits qu'en ont faits ses amis ou ses proches. Les lettres du marquis de Mirabeau et celles du bailli, son frère, la *Correspondance du donjon de Vincennes,* et les lettres éparses de Mirabeau publiées soit par Vitry (2), soit par d'autres, enfin ces Mémoires fameux que Mirabeau, dans le cours du procès de 1782, adressait au public beaucoup plus qu'à ses juges, telles sont les sources auxquelles les historiens ont exclusivement puisé. Or, on peut

---

lit, dans un Mémoire présenté par la partie civile et qui porte la signature du marquis de Monnier : « *Sophie*, un des noms de baptême de Mme de Monnier ». — Code 96 de la procédure.

(1) *Mémoires sur Mirabeau.* Paris, 1834-1835. 8 vol.
(2) *Lettres inédites de Mirabeau.* Paris, 1806.

croire que Mirabeau s'est complu à se donner habituellement le beau rôle, et d'ailleurs, dans les Mémoires, la dissimulation de certains détails compromettants entrait dans son système de défense. Son père lui-même, le terrible marquis, radouci à son égard, considérait plus tard comme une peccadille cette affaire de Pontarlier, et il prenait volontiers parti avec son fils contre ces *robins* de province qui s'étaient permis de décréter et de juger un Mirabeau. Enfin, le principal biographe de Mirabeau, M. Lucas de Montigny, animé par le désir respectable de laisser dans l'ombre tout ce qui pouvait ternir la réputation de son bienfaiteur, a passé rapidement sur cette aventure, en omettant volontairement bien des faits curieux. Un historien plus impartial, M. de Loménie (1), aurait été sans doute plus complet, si la mort ne l'avait pas contraint à laisser son ouvrage inachevé. Pour combler quelques lacunes et pour présenter les choses sous leur véritable jour, il n'est pas sans intérêt de recourir à la procédure, qui fut instruite au bailliage de Pontarlier, à la requête du marquis de Monnier. On y trouve un grand nombre de dépositions qui ont été inutiles à la justice, puisque la poursuite, en fin de compte, a abouti à une transaction, dont Mirabeau a même pu contester la valeur en se prévalant des règles étroites du droit criminel de l'époque, mais qui n'en ont pas moins pour la plupart un caractère de sincérité absolue ; en sorte que cette procédure semble n'avoir été édifiée à grand'peine que pour l'usage de l'historien, qui

---

(1) *Les Mirabeau*, Paris, 1878, 2 vol.

cherche la vérité vraie et non la vérité légale, et qui, comme un juré moderne, prononce en son âme et conscience, d'après son intime conviction.

C'est à cette procédure qu'ont été empruntés la plupart des renseignements qui précèdent et ceux qui vont suivre (1).

Outre la considération que valaient à Mirabeau, parmi les habitants de Pontarlier, et son nom et la réputation de son père, et un peu aussi le bruit de ses aventures, son esprit et son caractère lui firent un grand nombre d'amis, qui le secondèrent dans ses entreprises et dont quelques-uns compromirent leur position et leur fortune pour le secourir dans le malheur. Le plus fidèle de tous fut le procureur du roi du bailliage, J.-B. Michaud, dont Mirabeau avait fait la connaissance dès son arrivée au château. Michaud travaillait alors à des opérations concernant le domaine du roi dans la seigneurie de Joux; il vit Mirabeau, et la nature même de son travail devint entre eux matière à conversation sur les sires de Joux. Mirabeau témoigna du désir de s'instruire, pendant son séjour, de l'histoire du pays qu'il habitait, et Michaud lui envoya les principaux historiens qui en avaient traité. Quelque temps après, Mirabeau eut la pensée qu'on pouvait encore travailler utile-

---

(1) Dans une brochure publiée en 1865, à Besançon, sous le titre : *Mirabeau devant le bailliage de Pontarlier*, M. Jules Pothé s'est inspiré de cette procédure dont il avait eu communication. Mais son récit ressemble plutôt à un roman qu'à un fragment d'étude biographique, et le lecteur n'y distingue pas suffisamment les faits empruntés à des documents originaux de ceux puisés dans l'imagination de l'auteur.

ment sur l'histoire de la province, et il dit en cette occasion à Michaud qu'il désirait le faire, parce que, en faisant parvenir son travail à son père, cela lui prouverait qu'il secondait ses vues en employant utilement son temps. Michaud approuva vivement ce projet et promit de communiquer au prisonnier les documents qu'il avait réunis lui-même sur ce sujet. « Pendant que Mirabeau travaillait à la partie économique de ces montagnes, la consommation des sels fixa son attention. Il crut devoir suspendre la partie purement historique de ses études pour faire un mémoire sur les salines. Plusieurs personnes, tant de Pontarlier que des villes voisines, lui fournirent des mémoires particuliers. Mais comme ils n'étaient pas suffisants, et qu'il était nécessaire de prendre par lui-même différentes instructions, il proposa à Michaud de faire avec lui quelques voyages à ce sujet, même à l'étranger, lesquels furent tous faits du consentement et avec l'approbation de M. de Saint-Mauris » (1).

Le commandant n'avait pas vu sans quelque étonnement cette liaison entre le procureur du roi et un homme dont l'état était si différent. Tout en reconnaissant que son prisonnier était un jeune homme de grande espérance, il avait recommandé à Michaud de ne pas lui prêter d'argent, si par hasard il lui en demandait, et « il avait fini même par l'avertir charitablement du scandale que causait leur intimité croissante à tous les habitants du château

---

(1) Déposition de Michaud. — *Information* n° 25.

— 10 —

de Joux » (1). Mais Michaud n'avait tenu aucun compte de cet avis.

« Vers cette époque, Mirabeau eut l'occasion d'écrire un mémoire pour un pauvre malheureux nommé Jeanret, qui avait eu une affaire avec des employés, et il s'intéressa à faire connaitre son bon droit. Cette action prouvait son bon cœur et lui attira de plus en plus l'amitié et la confiance de M. et Mme de Monnier, qui s'intéressèrent probablement à rendre son sort plus doux, puisque, dès ce temps, il resta pour ainsi dire à domicile fixe à la ville, et qu'il fréquenta avec plus d'assiduité la maison de M. de Monnier chez lequel il mangeait souvent ».

C'est en ces termes que Michaud, entendu comme témoin dans l'information, rendait compte de la vie de son ami pendant son séjour à Pontarlier. Mirabeau alors lui paraissait content de son sort, et il ne soupçonnait aucune intrigue de galanterie entre lui et Mme de Monnier.

En cela, Michaud se faisait grandement illusion : à la fin de 1775, si Mirabeau venait assidûment chez le marquis de Monnier, ce n'était pas uniquement, comme le procureur du roi semble le croire, « pour avoir des conversations particulières avec ce vieux gentilhomme sur le travail qu'il avait entrepris. » M. Lucas de Montigny dit que Mirabeau a résisté longtemps à l'amour qu'il éprouvait pour la marquise (2); il y céda cependant et tous les biographes fixent au

(1) Déposition du comte de Saint Mauris.
(2) T. II. p. 74.

13 décembre 1775 le jour où Sophie céda elle-même. Mirabeau a raconté dans ses lettres les origines de cet amour, surtout dans ces lettres passionnées, écrites pendant sa captivité, et tant de fois réimprimées sous le titre de *Lettres d'amour* ou sous celui de *Lettres à Sophie*. On connaît aussi ses *Dialogues*, écrits au donjon de Vincennes, et dans lesquels il rappelle à Sophie toutes les étapes de leur passion(1). La procédure ne donne guère à ce sujet de détails nouveaux : on y trouve cependant une déposition, que Mirabeau a transcrite, pour la flétrir, dans un de ses Mémoires, et dont il a presque provoqué l'auteur lorsqu'il lui fut confronté le 2 mars 1782 ; c'est celle d'un capitaine de cavalerie nommé Petit : aux premiers temps de son séjour à Pontarlier, Mirabeau soupant un jour chez cet officier, lui aurait demandé comme camarade s'il avait quelque rapport avec Mme de Monnier, et il aurait ajouté sur sa réponse négative qu'il allait lui parler, « sachant qu'elle fournissait à ses amants » (2). Ce témoignage contient contre le caractère de Mirabeau une imputation des plus graves, et on croirait volontiers qu'il n'était pas véridique, si certaines circonstances, dont il sera question plus loin, ne venaient pas donner à ce propos une singulière portée. Le même témoin ajoute que plus tard, dans une réunion, il surprit entre Mirabeau et Sophie des familiarités d'une nature telle qu'il dut les exhorter à être plus circonspects. Un autre officier M. de Sabinet, que Mirabeau n'a pas formel-

---

(1) Voyez Sainte-Beuve, *Causeries du Lundi*, t. IV.
(2) *Information*, n° 34, et *Confrontations*, n° 8.

lement démenti dans la confrontation, et auquel il témoigna même du respect, raconte de son côté certains faits, au moins étranges, dont il fut témoin dans un dîner chez M. de Saint-Mauris, et qui montrent que les deux amants se souciaient assez peu de cacher leur liaison (1).

Les choses en étaient à ce point, et Mirabeau attendait avec patience et confiance que, ses affaires étant terminées, il pût retourner dans sa famille, lorsqu'il disparut subitement, au sortir d'un bal qui avait été donné en son honneur chez M. de Monnier, le 14 janvier 1776.

Cette disparition, qui est presque une énigme pour ceux qui ne connaissent que l'information judiciaire, s'explique fort bien cependant : M. de Saint-Mauris, peu satisfait de la conduite de Mirabeau, parlait de le faire remonter au château, et on avait préparé, pour l'y loger, la tour dite de Grammont. Mirabeau, et ses biographes après lui, ont affecté de voir dans cette résolution du comte de Saint-Mauris la pensée de revanche d'un rival dédaigné. Ce qui rend cette allégation dans une certaine mesure admissible, c'est que Mirabeau eut l'audace de la formuler dans une lettre qu'il écrivit le 16 janvier 1776 à M. de Saint-Mauris (2). Cependant, Mirabeau, si audacieux dans sa défense, si violent dans ses écrits et parfois dans son langage, n'osa jamais outrager en face le com-

---

(1) *Information*, n° 37, et *Confrontations*, n° 15.
(2) Lucas de Montigny, t. II, p. 88. — Voyez aussi 2e *Mémoire*, p. 43 de l'édition in 8°.

mandant du château de Joux. Cet homme lui imposait sans doute : lorsqu'ils furent confrontés, le 3 mars 1782, Mirabeau fut modéré, presque respectueux, et ne fit allusion à sa lettre que pour exprimer quelque regret de l'avoir écrite (1).

Mirabeau avait disparu dans la nuit du dimanche au lundi; le mardi, Michaud vint trouver le commandant et lui montra une lettre dans laquelle Mirabeau annonçait sa fuite, qu'il qualifiait lui-même d'horrible perfidie. M. de Saint-Mauris répondit que Mirabeau était un fou, qu'il perdait toute chance de se réconcilier avec son père, et promit d'attendre jusqu'au lundi suivant avant d'avertir le ministre de cette évasion. Le jeudi 18, M. de Saint-Mauris, ayant quelques personnes à dîner, la servante de Michaud lui apporta une lettre de Mirabeau, celle du 16 évidemment, qui, a-t-il-dit, contenait des infamies. Cependant, il alla trouver le procureur du roi, lui dit qu'une telle lettre suffirait pour perdre son auteur, mais que celui-ci n'avait qu'à rentrer et qu'il la brûlerait.

Cette attitude, qui, quoi qu'on ait pu dire, n'était pas celle d'un ennemi, ne convainquit pas Mirabeau, qui ne rentra pas. M. de Saint-Mauris le savait caché dans la ville, mais il ne voulait pas le faire chercher dans les maisons, et il avait donné l'ordre

---

(1) « L'accusé a ajouté qu'il serait bien fâché de réveiller et les folies de sa jeunesse et les suggestions ou animosités étrangères qui ont autrefois élevé une mésintelligence publique et notoire entre lui et le témoin, que c'est la raison qui l'empêche de s'expliquer sur la lettre dont le témoin peut avoir eu à se plaindre ». *Confrontations*, n° 14.

de ne l'arrêter qu'autant qu'il paraîtrait dans les rues, « pour ne pas compromettre l'autorité du roi, et en même temps ne pas perdre un homme qui paraissait avoir des talents que la réflexion pouvait ramener à l'utilité publique, et que la fortune pouvait seconder dans cette entreprise, d'autant que l'objet de son père (et il ne l'avait pas caché à M. de Saint-Mauris), était de le faire enfermer pour le reste de ses jours, s'il ne pouvait pas parvenir à le ramener aux sentiments d'un homme de son espèce » (1).

En effet, Mirabeau n'avait pas quitté Pontarlier, mais pour ne pas tomber aux mains de la maréchaussée, il changeait souvent d'asile. Les premiers jours qui suivirent sa disparition, c'est dans la maison même de M. de Monnier qu'il aurait fallu le chercher. Pendant deux jours et deux nuits, il resta enfermé dans un cabinet borgne où couchait habituellement la femme de chambre de Mme de Monnier. Mais les domestiques l'y découvrirent, menacèrent de parler, et il fallut se mettre en quête d'une autre retraite (2).

Mme de Monnier avait une amie un peu plus âgée qu'elle, Mlle Gotton Barbaud, fille d'un ancien pro-

---

(1) Déposition du comte de Saint-Mauris.
(2) Les biographes, acceptant sans contrôle une allégation de Mirabeau, le font voyager en Suisse pendant plusieurs jours après sa disparition. Mirabeau ne disait cela que pour pouvoir nier son séjour dans la maison de M. de Monnier, qui est prouvé par un grand nombre de témoignages. — On lit, d'ailleurs, dans les *Souvenirs de Mirabeau tracés de sa main*, qui ont été publiés avec la *Correspondance de Vincennes* : « Le 14 janvier 1776, je me cache chez Sophie, pour ne pas remonter au château ».

cureur du roi, chez laquelle les deux amants s'étaient plusieurs fois donné rendez-vous. Sophie imagina de cacher Mirabeau chez cette jeune personne; Mlle Barbaud résista à ce projet, on le conçoit aisément, mais le soir du 16 janvier, rentrant chez elle après souper, elle fut fort étonnée de trouver Mirabeau assis dans la cuisine et devisant avec la servante. Il fallut en passer par ce qu'il voulait, et on le logea dans la cave, où il ne resta que peu de jours, car les frères de Mlle Barbaud, soupçonnant la vérité, et craignant que la réputation de leur sœur ne fût compromise, parlaient de faire une perquisition dans la maison, et de livrer Mirabeau, s'ils l'y surprenaient.

Il serait fastidieux et fort inutile pour la clarté de ce récit d'énumérer toutes les maisons où Mirabeau se cacha successivement jusqu'à la fin de février : un jour entre autres chez un huissier, qui n'avait pas osé refuser ce service au procureur du roi. Il ne restait guère dans chaque asile plus de quatre ou cinq jours : la servante de Michaud lui apportait à manger, et Michaud le visitait souvent, en sorte que la ville de Pontarlier offrait alors ce spectacle curieux d'un prisonnier d'État soustrait aux recherches, sinon de la justice, du moins des représentants du pouvoir, par le procureur du roi. Il recevait aussi tous les jours la visite de Mme de Monnier, qui s'enfermait longuement avec lui; puis c'étaient des envois de provisions et de livres, et même des correspondances, car les entrevues quotidiennes ne suffisaient point à ce qu'on avait à se dire, et les domestiques de Mme de Monnier ainsi que la servante de Michaud étaient occupés sans cesse à porter des messages.

A la nuit close, Mirabeau ne craignait pas de sortir dans la ville, et alors il lui arriva plus d'une fois de s'introduire chez M. de Monnier. La maison de celui-ci était régulièrement fermée à neuf heures, et tout le monde s'y couchait après la prière faite en commun. Un soir, vers la fin de janvier, le cocher Pellerin vit, dans la cour de la maison, à une heure avancée, un homme qui lançait de petites pierres contre les fenêtres de Mme de Monnier. Il crut que c'était un voleur et lui porta un coup de fourche; mais il reconnut Mirabeau, et, s'étant caché dans la grange, il vit que ce manège continua pendant une partie de la nuit, sans résultat d'ailleurs.

Une autre fois, c'était le 16 février, deux servantes étant allées de nuit dans le jardin, furent fort effrayées d'y trouver un homme qu'elles ne distinguèrent pas bien d'abord. Elles donnèrent l'alarme et les domestiques étant tous sortis, virent Mirabeau vêtu d'une redingote rouge qu'on reconnut pour appartenir au procureur du roi, et qui sans s'émouvoir demanda à parler à M. de Monnier, qui achevait de souper. Il lui « raconta une histoire, et M. de Monnier eut la bonté de lui offrir de l'argent » (1).

Que voulait Mirabeau à cette époque et qu'attendait-il, au lieu de se soustraire aux poursuites, en franchissant la frontière qui n'était distante que de trois lieues ? Il craignait beaucoup, sans doute, de

---

(1) Déposition du comte de Saint-Mauris.

remonter au château de Joux, dont le séjour lui était d'autant plus pénible, pendant l'hiver, qu'il était accoutumé au climat de la Provence. Mais il craignait plus encore de perdre son état en passant à l'étranger, et cela au moment où on s'employait à obtenir de son père le retrait de l'ordre qui le reléguait en Franche-Comté. Sa mère et ses sœurs lui avaient promis leur concours, et Michaud lui-même venait d'adresser au marquis de Mirabeau, dans l'intérêt de son fils, une lettre qui était un véritable plaidoyer (1). La réponse n'avait pas été aussi satisfaisante qu'on ne l'aurait désiré, mais elle n'ôtait pas tout espoir. De son côté, Mirabeau avait écrit au ministre de la guerre pour être autorisé à reprendre du service, et il attendait une réponse qui ne vint pas.

Cependant, la dernière apparition nocturne de Mirabeau chez M. de Monnier ayant causé dans la ville quelque scandale, M. de Saint-Mauris résolut de le faire chercher avec plus de rigueur. Le 21 février, dans la soirée, l'exempt de la maréchaussée vint prévenir le commandant que Mirabeau était chez le procureur du roi; ils se rendirent ensemble sous les fenêtres de ce dernier, et virent à travers les vitres les sœurs de Michaud et Mme de Monnier; ils crurent même entrevoir la silhouette de Mirabeau. L'exempt voulait monter et le faire arrêter de suite par ses cavaliers. M. de Saint-Mauris s'y opposa, « sachant par Mirabeau lui-même qu'il y avait bien des cachettes dans cette maison, et craignant qu'on n'y trouvât pas

---

(1) Voir cette lettre dans Lucas de Montigny, t. II, p. 101. — Voir aussi la déposition de Michaud dans l'information.

celui qu'on cherchait, mais que le procureur du roi ne fît un procès-verbal et ne dît que, dans le mouvement, on lui aurait soustrait des papiers publics et intéressants » (1).

Le lendemain, il était trop tard; car, au point du jour, Mirabeau, accompagné par l'avocat Mauvaiset, monta à cheval, et, par Levier et Salins, gagna Mouchard, où il prit la poste.

Mirabeau partait à temps pour échapper à une arrestation imminente; mais il est probable que sa fuite était concertée avec Mme de Monnier, qui devait elle-même quitter Pontarlier le 23 février pour se rendre à Dijon, dans sa famille. Peut-être avait-on formé, pour le cours de ce voyage, un premier projet d'enlèvement; on le disait du moins à Pontarlier, car Mme de Monnier ne voulait pas emmener de laquais, et la mère de sa femme de chambre, troublée par ces rumeurs, parlait de reprendre sa fille. Elle partit cependant à la date indiquée, sous l'escorte du domestique Sage; le voyage se passa sans incident, sauf qu'à Dole le maître de poste remit à Mme de Monnier une lettre qu'un inconnu avait laissée pour elle deux jours auparavant, et sur laquelle Sage reconnut l'écriture de Mirabeau.

Le but de ce récit n'étant que de faire connaître les circonstances du séjour de Mirabeau à Pontarlier, nous n'insisterons pas sur les évènements de Dijon. Il suffit de dire que les correspondances et les entrevues secrètes reprirent à Dijon entre Mirabeau et

---

(1) Déposition du comte de Saint-Mauris.

Sophie, mais que la mère de celle-ci, Mme de Ruffey, plus clairvoyante ou plus adroite que M. de Monnier, intercepta quelques lettres, surprit un rendez-vous, et fit arrêter le séducteur. Toutefois celui-ci trouva des amis et des protecteurs dans ceux qui auraient pu n'être que ses geôliers : enfermé moins étroitement encore qu'au château de Joux, laissé même en liberté sur parole, il continua à voir Sophie et à lui écrire jusqu'au 24 mars, jour où elle repartit pour Pontarlier. Mirabeau resta deux mois encore au château de Dijon, sous le nom de comte de Beaumont ; mais apprenant qu'on allait le transférer à Doullens, et, dit-on, sur le conseil de Malesherbes, qui quittait le ministère, il prit la route de la Suisse le 25 mai 1776.

Mme de Monnier était rentrée dans la maison de son mari ; mais elle n'y était pas rentrée seule : son frère, le président, et sa sœur, la chanoinesse, l'avaient accompagnée, et elle était bien plus surveillée, qu'au temps où ses actions n'avaient pas d'autre contrôle que l'indiscrétion de ses domestiques, ni d'autre sanction que leurs impertinences. Elle s'en aperçut bien le 27 mai 1776, jour où elle avait projeté de s'enfuir, en habits d'homme, pour rejoindre aux Verrières-Suisses, tout près de la frontière, Mirabeau qui y arrivait, venant de Dijon. Tout était prévu cependant, et le contrebandier Jeanret, leur protégé commun, attendait pendant la nuit de l'autre côté du mur du jardin. Mais les domestiques furent avertis, et pendant toute la nuit, veillèrent et firent des rondes ; la chanoinesse de Ruffey elle-même surprit sa sœur, habillée en homme, la réprimanda, la fit pleurer, et finit même par lui dicter une lettre, disant à Mirabeau de ne pas l'attendre (1). Six jours après, le 2 juin, il y eut une nouvelle alerte ; puis ce fut tout, car Mirabeau partit des Verrières dans la direction de Morges et de Genève, et commença, à travers la Suisse et le midi de la France, pour échapper aux recherches de son père, une vie errante dans laquelle nous n'avons pas dessein de le suivre.

Cependant si éloigné que pût être Mirabeau, il ne cessa pas d'entretenir avec Sophie une correspondance continuelle, et de combiner, d'accord avec elle, des plans d'enlèvement. Mme de Monnier avait reçu des lettres de Mirabeau, alors qu'il était encore à Dijon ; elle lui avait envoyé ses réponses par Jeanret, qui plusieurs fois avait fait le voyage pour elle. D'autres lettres parvinrent à Sophie sous le couvert de Mlle Barbaud, qui passant toujours par les mêmes alternatives de complaisance et de scrupule, promit à Mme de Ruffey de lui remettre les lettres adressées à sa sœur, puis se ravisa sur les conseils d'un de ses frères, comprit qu'on voulait faire d'elle l'instrument d'une trahison et déclara qu'elle brûlerait les lettres qui lui parviendraient. Dans les interrogatoires subis en 1782, Mirabeau a nié toute cette correspondance, et il a soutenu que si Mme de Monnier lui adressait de fréquents messages, c'est uniquement parce qu'elle servait d'intermédiaire entre lui, Mirabeau, et ceux des siens qui s'attachaient

---

(1) Dépositions de Marguerite Gresset et de Sage, — *Information* n°s 4 et 9.

à le réconcilier avec son père (1). Mais M. Lucas de Montigny, qui avait en mains toutes les lettres inédites de cette époque, en a publié une grande partie dans son ouvrage, sans songer peut-être qu'il détruisait par là une des bases d'un système de défense, qu'il est toujours prêt cependant à accepter comme l'expression de la vérité.

M. de Monnier, le dernier, suivant l'usage, à être instruit des désordres de sa femme, finit lui-même par s'inquiéter et il ne put se faire aucune illusion sur ses projets, lorsque, dans le courant de juillet, Sage lui eut remis une lettre adressée par Mme de Monnier à Mme de Cabris, une des sœurs de Mirabeau, qui habitait à Lyon.

Dans cette lettre, qui en contenait une autre cachetée, avec cette seule adresse : Gabriel, on se félicitait d'être débarrassée des R... (les Ruffey), qui venaient en effet de retourner à Dijon ; dans la seconde, qui contenait trois pages d'une écriture serrée et assez difficile à lire, sans signature, mais qui était certainement de la main de Mme de Monnier, celle-ci « parlait beaucoup de l'évasion de Dijon de Gabriel, disait qu'elle était souvent seule, qu'elle se promenait de temps en temps dans le jardin seule, qu'elle avait préparé ses habits de paysanne, qu'il n'avait qu'à lui trouver une occasion sûre, que bientôt elle serait à lui, que c'étaient tous ses vœux et tous ses désirs » (2). A la fin de juillet, M. de Monnier

---

(1) Interrogatoires des 12 et 13 février 1782. — Cote 104 de la procédure.

(2) Déposition de l'abbé Valinde. — *Information* n° 18,

saisit encore un paquet que Sophie envoyait à Lyon chez Mme de Cabris, et qui, sous l'étiquette : vieilles hardes, contenait une grande partie de ses effets les plus riches et les plus précieux.

Vers la même époque, le perruquier Bourrier, l'ancien propriétaire de Mirabeau, resté son créancier, reçut à plusieurs reprises la visite d'inconnus, qui lui disaient venir de la part de Mirabeau, qui s'enquéraient de Mme de Monnier, allaient la voir ou se rencontraient avec elle dans des maisons tierces, et qui faisaient de fréquents voyages aux Verrières-Suisses. Il reçut entre autres un certain chevalier de Mâcon, officier réformé, qui avait accompagné Mirabeau dans sa fuite de Dijon et qui était resté un de ses agents (1). Les allées et venues entre Pontarlier et les Verrières continuèrent ainsi pendant le mois d'août. Jeanret, le contrebandier, prenait une part active à ces menées, et ses indiscrétions contribuaient à répandre dans la ville le bruit qu'il se préparait quelque chose de grave.

Sur ces entrefaites, un aubergiste de Pontarlier, nommé Rousselot vit arriver chez lui presque simultanément dans l'après-midi du 22 août deux hommes qui, bien que venus dans des desseins bien différents, se rencontrèrent cependant à la même auberge et soupèrent ensemble. L'un d'eux, Pascal, était un cavalier de la maréchaussée de Dijon, que Mme de Ruffey, la mère, avait envoyé, avec des ordres spéciaux pour empêcher l'enlèvement qu'on redoutait et pour

---

(1) Voir le rapport de l'inspecteur de police Muron. — Lucas de Montigny, t. II, appendice au livre 5.

arrêter Mirabeau s'il pénétrait en France. Quant à l'autre inconnu, qui se disait marchand et originaire de la Provence, dont il avait l'accent, et qui paraissait âgé d'environ cinquante ans, il fut reconnu comme se nommant Cabasson par un certain Girard Claudet, qui avait servi autrefois avec lui dans les carabiniers et qui ne l'avait pas vu depuis vingt-quatre ans.

Le 23 août, après son repas, Cabasson sortit mystérieusement de l'auberge Rousselot et se présenta chez Mlle Barbaud, sous prétexte de lui donner des nouvelles d'une sœur qu'elle avait à Provins. Pendant, qu'il était là, Mme de Monnier survint et ne parut pas connaître cet homme ; mais Mlle Barbaud étant sortie un instant, ils eurent tout le temps de s'entretenir sans témoins. Cela suffit sans doute à Cabasson, car rentré à l'auberge, il demanda un cheval pour se rendre sur le champ aux Verrières. Il partit de Pontarlier vers 4 heures du soir ; le fils du loueur qui l'accompagnait pour ramener le cheval, le conduisit aux Verrières-Suisses, à l'auberge du Lion d'Or, tenue par le nommé Lambelet.

Pour comprendre ce qui va suivre, il est indispensable qu'on se rende bien compte de la situation topographique du pays : la ville de Pontarlier est séparée de la frontière suisse par la montagne du Larmont, qui la domine d'environ trois cents mètres, et dont l'extrémité nord-est, dite le Grand Taureau, est située sur la frontière même. A droite, en quittant Pontarlier, la route traverse une gorge, qui devient en certaines parties très étroite, et qui, dès le moyen-âge, était commandée par le château de Joux. Il y a en cet endroit, au pied même du château, une sorte de passage fortifié ou de porte, que l'on appelle le Chauffaud, et au-delà duquel se trouve le hameau du Francbourg. Si, au lieu de suivre la grande route, on veut aller aux Verrières par une voie plus fatigante, mais plus courte, il faut gravir le Larmont par des sentiers escarpés, qui ont été toujours le chemin préféré des contrebandiers. La petite ville suisse des Verrières est située tout à fait sur la frontière ; si on suit la route dans la direction de Neuchâtel, on atteint bientôt le Val de Travers, qui est arrosé par la Reuse, et qui se continue jusqu'au lac. A l'entrée de cette vallée très pittoresque et très riche se trouve le village de Saint-Sulpice.

Or, dans la matinée du 23 août, le bruit s'était répandu à Saint-Sulpice qu'un étranger, dont la valise était pleine de louis d'or, et qu'on prenait généralement pour un banqueroutier, venait d'arriver à l'auberge du Singe. Quelques personnes qui l'aperçurent crurent reconnaître le comte de Mirabeau ; elles ne se trompaient pas : Mirabeau, qui arrivait du Val de Travers, écrivit une lettre que son domestique partit pour porter du côté des Verrières. Il partit lui-même à huit heures du soir dans la même direction.

Le lendemain 24 août, qui était un samedi, Cabasson ayant passé la nuit aux Verrières à l'auberge du Lion d'Or, sortit de grand matin et partit à pied vers l'intérieur de la Suisse. Il rentra à trois heures fort mouillé, car ce jour là il pleuvait à torrents. Vers quatre heures arriva Mirabeau, qui était bien connu chez l'aubergiste Lambelet ; il aborda Cabas son et s'entretint longuement avec lui dans un jargon que les assistants ne comprirent pas et qui devait être un patois provençal. Puis Cabasson se mit en quête d'un cheval et d'un guide, et accompagné d'un certain Rosselet dit Loyseau, il se dirigea vers Pontarlier, non par la grande route, mais en gravissant les sentiers du Larmont. Il avait raconté dans le pays qu'il faisait la contrebande des montres. Mirabeau resté seul avec ses hôtes, demanda avec insistance si on avait porté à son adresse la lettre qu'il avait envoyée la veille par un exprès ; puis, rassuré par leur réponse, il les pria de ne pas parler de son apparition aux Verrières. Il resta dans la cuisine à se chauffer jusqu'à neuf heures du soir ; à cette heure, il sortit et on ne le vit plus (1).

En effet, la lettre que Mirabeau avait écrite la veille à Saint-Sulpice avait été portée à Pontarlier dans la matinée du 24 août. La femme qui s'en était chargée arriva à Pontarlier à huit heures ; elle remit à Jeanret un billet au crayon de la femme Lambelet, annonçant que « la marchandise était prête », puis elle se fit indiquer la demeure de Mlle Barbaud, pénétra jusqu'à elle sous prétexte de lui montrer des dentelles, et lui remit en mains propres la lettre qui portait son nom. Dans cette lettre s'en trouvait une autre, avec cette mention au dos : pour Sophie. Auprès de Mlle Barbaud se trouvait à ce moment un vieil ami de sa famille, M. Caffod de Lafferrière ; il lui déclara qu'elle se chargeait de mauvaises commissions, et, pour empêcher que la lettre ne parvînt

---

(1) Déposition de J. H. Lambelet. — *Récolement*, n° 74.

à Sophie, il la mit toute cachetée dans sa poche. Nous nous montrerons moins discret que le chevalier de Lafferrière, et nous pénètrerons le secret d'une correspondance qui explique ce qui va suivre :

« Je n'ai que le temps de te parler affaires, écrivait
« Mirabeau; ainsi je me hâte. Ta lettre ne m'explique
« rien. Tu m'avais parlé d'un si excellent expédient,
« qu'est-il devenu? A midi et demi, on te remettra, à
« la fenêtre de l'écurie, une autre lettre. Si tu n'y
« étais pas, on la porterait chez Junet. Voici ce qui me
« parait le plus arrangeable: J'enverrai demain au
« soir quelqu'un en char-à-banc exprès pour voir si on
« garde, le soir, au Francbourg et à la porte du
« Chauffaud. Si on n'y garde pas, après demain
« dimanche, on te tendra une échelle à minuit, et tu
« partiras; ceci a cependant un inconvénient, c'est
« que les invalides peuvent voir. Pour ce que tu me
« proposes après souper, il y a trop de monde dans
« les rues et nous aurions trop peu de temps. Si on garde
« au Chauffaud, tu partiras toujours dimanche soir;
« mais ce sera par le chemin des contrebandiers. Tu
« vois que, dans tous les cas, il faut que je me serve
« de Jeanret, parce que 1º mon homme ne connait
« point le local de ta maison ; parce que 2º il ne pour-
« rait avoir une échelle dans une ville où il n'est pas
« connu; parce que 3º s'il nous faut passer par le
« chemin des contrebandiers, il faut absolument
« Jeanret. Si Jeanneton (1) t'eût voulu accompagner
« après souper, peut-être eût-il été praticable de sortir

---

(1) Mlle Jeanneton Michaud, une des sœurs du procureur du roi.

« par ce que tu appelles la porte de trois sols que je
« ne connais pas ; mais il faudrait qu'elle crût que ce
« n'est qu'une visite. D'ailleurs, un char-à-banc ne
« pourrait guère s'arrêter de si bonne heure à la
« croix, sans donner des soupçons. Cependant, Jean-
« neton serait d'autant meilleure qu'elle ôterait tout
« soupçon au FrancLourg. Tu aurais une redingote
« sur le corps. Choisis de tout cela et choisis vite. Cette
« lettre te sera remise par.. *(ici le papier est déchiré)*
« ...et n'en empêchera pas une autre à midi et demi. Si
« tout cela manquait, je t'enlèverais de force à Nans (1),
« mais tu juges que cela serait périlleux et peu sûr. Ne
« presse dans aucun cas le départ. L'homme que tu
» as vu ira s'établir à Pontarlier pour voir à l'exécu-
« tion du projet. J'envoie chercher demain au matin
« Jeanret. Il me paraît impossible que tu partes demain
« au soir. Si tu approuves l'idée de Jeanneton, écris-
« lui sur-le-champ et mande-moi sa réponse. Je me hâte,
« t'adore et te mange de baisers. Je ne t'écrirai que le
« moins que je pourrai. Ma seconde lettre sera beaucoup
« plus décisive, parce que j'aurai parlé à Jeanret. Ce
« vendredi soir. » Cette lettre n'était pas signée ; mais
le style, le ton, l'écriture dénonçaient son auteur ; celui-
ci avait écrit en sens inverse au-dessus de la première
page, sans doute le soir du 23 août, en arrivant de
Saint-Sulpice aux Verrières : « Cabasson n'est arrivé
« qu'à sept heures et moi à neuf. La lettre que
« j'avais commencée pour toi te dira le pourquoi. »

Cette lettre, destinée à Sophie, ne lui parvint donc

---

(1) Nans-sous-Sainte-Anne, près de Salins, où était une maison de campagne de M. de Monnier. On devait partir le 27 août pour y passer l'automne.

pas ; mais il n'en fut pas de même de la lettre annoncée pour midi, car vers cette heure on vit Mme de Monnier parler, à la fenêtre de l'écurie, à un homme qui était fort mouillé ; on la vit même se baisser comme pour écrire. Dans l'après-midi du même jour, elle reçut secrètement deux jeunes gens qui, dans d'autres circonstances, avaient servi déjà de messagers à Mirabeau, et dont l'un était le fils du lieutenant particulier du bailliage.

Ces derniers avis changèrent probablement les dispositions prises, et fixèrent définitivement le départ au même soir ; en effet, à neuf heures, au moment où les domestiques se réunissaient, suivant l'usage, autour de leurs maîtres, pour la prière en commun, Mme de Monnier ne parut pas. On la chercha dans la maison, dans la cour et même dans la Grand'Rue, où on apercevait encore quelques promeneurs ; on ne réussit point à la trouver, et M. de Monnier, qui ne se dérangeait pas facilement de ses habitudes, se coucha comme à l'ordinaire. Le lendemain matin, les domestiques étant descendus dans le jardin, trouvèrent l'échelle dont Sophie s'était servie pour escalader le mur ; ils trouvèrent aussi, sur les groseillers, une jupe d'indienne et un manteau de taffetas, dont elle s'était enveloppée pour cacher ses habits d'homme. On raconta dans le voisinage que, la veille, on avait vu errer dans la rue un homme vêtu de noir, quelques-uns disaient même un domino. Personne ne douta qu'elle ne fût allée rejoindre Mirabeau.

Cependant, dès le soir du 24 août, le cavalier Pascal avait eu connaissance de l'évasion ; il était allé trouver sur-le-champ l'exempt de la maréchaussée, et lui avait communiqué, un peu tard, la commission qu'il avait reçue de Mme de Ruffey. Au point du jour, Pascal, avec plusieurs cavaliers, se rendit aux Verrières-Suisses et entra à l'auberge Lambelet; on n'y avait pas vu Mme de Monnier. En revanche, il rencontra Cabasson, avec lequel il mangea. Cabasson parut s'intéresser à ces recherches, mais il disait ne rien savoir, et la maréchaussée rentra à Pontarlier.

Le même jour, Mlle Barbaud et M. de Lafferrière, apprenant à leur tour la fuite de Sophie, ouvrirent enfin la lettre qu'ils avaient conservée. M. de Lafferrière voulait la brûler; Mlle Barbaud s'y refusa, et, quelques jours après, pour se soustraire « à des rumeurs et menaces qui lui attiraient le blâme public et l'indignation de sa famille », elle porta cette lettre à M. de Saint-Mauris, afin de bien montrer qu'elle l'avait retenue. Mais auparavant, elle avait arraché le morceau de papier sur lequel son nom était écrit. M. de Saint-Mauris à son tour remit la lettre au marquis de Monnier (1).

Pendant qu'on la cherchait de tous côtés et qu'on se perdait en conjectures sur la direction qu'elle avait prise, Mme de Monnier n'était cependant pas loin, et la maréchaussée n'avait pas montré beaucoup de perspicacité lors de sa descente aux Verrières. Il est utile maintenant de revenir un peu en arrière et de retrouver Cabasson, le soir du 24 août, franchissant, sous la conduite de Rosselet, les hauteurs du Larmont. Ils arrivèrent vers sept heures du soir en vue de

---

(1) *Confrontations*, nos 14, 18 et 21.

Pontarlier. A neuf heures, Rosselet, qui avait mission de se rendre au lieu dit la Sablière, y fut rejoint par deux inconnus. On discuta si on passerait par le Rempart ou par la Grand'Rue, mais on se décida pour ce dernier parti. Hors de Pontarlier, sur la route de Suisse, on rencontra une troisième personne, qui tenait un cheval de selle, et qui dit, en les voyant venir : est-ce vous ? Un des inconnus monta à cheval, et ils reprirent ensemble les sentiers de la montagne. Sur la frontière, on trouva Mirabeau, qui semblait attendre avec impatience, et qui, attirant à lui la personne qui était à cheval, l'embrassa avec transport (1). Une partie des voyageurs entrèrent à l'auberge Lambelet; mais Mirabeau alla de son côté avec son compagnon. Il était environ onze heures du soir.

Tout près de là se trouvait une maison, occupée par la dame Bôle, veuve d'un ancien lieutenant en la justice des Verrières. Cette dame était absente, et la maison n'était gardée que par sa nièce et une servante. Etonnées d'entendre frapper à cette heure, elles ouvrirent la porte, mais, apercevant deux hommes, elles déclarèrent que la maison n'était pas une auberge et qu'il ne seyait pas bien à de jeunes filles comme elles de recevoir deux jeunes gens. A quoi l'un des voyageurs répondit qu'il était le comte de Mirabeau, et son compagnon Mme la marquise de Monnier, laquelle était habillée en homme. On n'osa point alors refuser de les loger, d'autant plus qu'il tombait une pluie battante, et ils s'installèrent dans

---

(1) Déposition de Guye, *Information par addition*, n° 16.

cette maison, où ils restèrent plus de vingt jours. Le lendemain, ils entendirent parler de la visite des cavaliers de la brigade de Pontarlier ; mais, comme leur présence était restée ignorée dans le village, leur secret ne fut pas trahi. Cependant, des voisins les virent, et la description qu'ils ont faite de Sophie mérite d'être rapportée : « Elle paraissait, dit l'un d'eux, âgée de vingt-et-un ans; elle avait le teint blanc et coloré, le visage rempli, les yeux et les cheveux noirs. Sa taille était grasse et embarrassée comme celle d'une femme habillée en homme. Elle portait un habit couleur de vin, avec petit galon d'argent, une veste jaune galonnée en argent, culotte de velours noir, bas de soie noire et souliers d'homme; enfin, un chapeau ou bonnet gris de campagne bordé d'un petit galon d'or » (1). Elle dit devant témoins que ce chapeau était celui de M. de Monnier. A plusieurs reprises, Mme de Monnier raconta à ses hôtes « qu'on l'avait mariée à seize ans, qu'elle était alors une enfant, qu'elle se mariait actuellement elle-même »; elle ajouta même « qu'elle avait été avec M. de Monnier pendant plusieurs années, et que jamais elle n'avait été mariée avec lui » (2). Propos digne d'être remarqué, car il laisse entrevoir un des moyens les plus puissants que Mirabeau tentera d'opposer à l'accusation d'adultère. Comme on disait à Mme de Monnier que son mari devait être en peine de son évasion, elle répondit que sans doute il disait actuellement à ses

---

(1) Déposition de Marie-Madeleine Bôle et de Henri Lambelet. — *Information par addition*, n°s 12 et 13.

(2) Déposition de Henri Lambelet.

domestiques : « Eh bien ! mes enfants, Mme de Mon-
« nier est partie, que le bon Dieu la conduise ! » (1). De
son côté, Mirabeau répétait souvent que Sophie était
venue librement le trouver, et elle l'approuvait en
souriant. Autre précaution prise contre une accusation de rapt ! Enfin, on entendit plusieurs fois Mira
beau déclarer qu'il aimerait mieux brûler la cervelle
à Sophie que de la laisser prendre ; car elle serait
enfermée pour le reste de ses jours. Mme de Monnier
portait toujours sur elle une petite fiole de poison,
dont elle ne voulait pas se séparer ; c'était du lauda-
num, qu'elle avait acheté en mai, à Pontarlier, à
l'époque de son premier projet d'évasion. Elle a montré depuis par sa mort qu'elle était capable d'en faire
usage.

Dans les premiers jours de septembre, Mirabeau et
Sophie partirent des Verrières, pendant la nuit, sous
la conduite d'un inconnu, qui était venu les chercher
en char-à-banc. Le lendemain, on les vit passer à
Sainte-Croix, dans le pays de Vaud, et continuer leur
route dans la direction d'Yverdon. Mais à partir de
ce moment l'instruction perd leurs traces, et il faut
recourir aux biographies de Mirabeau pour savoir
que la Hollande était le but de leur voyage.

On s'est étonné à juste titre que, pendant ce séjour
relativement long aux Verrières-Suisses, Mirabeau
et Sophie n'aient été découverts ni par l'agent de
Mme de Ruffey, ni par ceux du marquis de Mirabeau,
qui étaient alors à peu de distance. Ceux-ci avaient

(1) Déposition de Henri Lambelet.

LETTRE DE MIRABEAU

ÉCRITE A SAINT-SULPICE (SUISSE), LE 22 AOUT 1776. (Voir pages 26 & 27.)

Si tout ceci manquait, je tenterais de force à Paris; mais hi juge que cela serait périlleux et peu sûr. ne presses pas le départ. l'homme que nous vu, va s'établir à Pontarlier pour venir à l'exécution du projet. j'enverrai chercher demain au matin jeanret. il me paroit impossible que tu partes demain au soir. Si hi approuves l'idée de jeanneton donne lui sur le champ; et mande moi la réponse; je me hâte, t'adore et te mange de Baisers.

je ne t'écrirai que le moins que je pourrai; ma Seconde lettre sera beaucoup plus décisive, parce que j'aurai parlé à jeanret.

ce Vendredi Soir

été dépistés par les dates fausses de lettres qu'ils venaient d'intercepter à Genève. Le 27 ou le 28 août, le contrôleur des fermes à Jougne s'entretint avec deux inspecteurs de la police de Paris, dont l'un dit se nommer Muron; il cherchait Mirabeau, et ne paraissait pas se douter qu'il fût à quelques lieues de là, aux Verrières.

M. de Monnier était resté seul dans sa maison de Pontarlier, et, tandis que les deux familles de Mirabeau et de Ruffey, émues d'un enlèvement qui avait fait du bruit dans toute la province et même à l'étranger, recherchaient les fugitifs, lui seul ne faisait pas de poursuites. Mirabeau, dans ses lettres, s'est donné le facile plaisir de le ridiculiser, avec plus de verve que de bon goût (1). Mais c'est vraiment une singulière figure que celle de ce vieillard, sans volonté personnelle, soucieux par-dessus tout de son repos, et que ses infortunes conjugales même n'avaient que médiocrement affecté. Entouré sans cesse de prêtres, dont il faisait sa société presque exclusive, le marquis de Monnier ne se dirigeait que par leurs conseils dans toutes les circonstances de la vie. Ainsi, ce jour du mois de juillet où il avait surpris un paquet que Mme de Monnier envoyait chez Mme de Cabris, à Lyon, il l'avait fait porter sans l'ouvrir chez le curé de la paroisse Saint-Bénigne, pour qu'on en vérifiât le contenu. Il avait fait de même pour la lettre qu'il avait retenue à la même époque. Peu de jours après le départ de sa femme,

---

(1) *Correspondance du donjon de Vincennes*, lettre du 11 septembre 1777, t. I de l'édition Mérilhou, p. 100.

M. de Monnier rassembla chez lui un groupe d'ecclésiastiques pour éclaircir en leur présence un point qui ne laissait pas que de le préoccuper beaucoup : non seulement, en effet, il était délaissé et trahi, mais il se disait encore complètement dévalisé.

Voici le moment d'examiner une question que les biographes de Mirabeau ont en général laissée dans l'obscurité, celle de savoir si Mme de Monnier et son amant n'auraient pas commis en partant, au préjudice du marquis, un vol considérable. Mirabeau a toujours rejeté cette accusation avec hauteur, et M. Lucas de Montigny croit à peine utile de la discuter : il n'est pas sûr cependant qu'elle fût calomnieuse, et on trouve dans la procédure bien des charges qu'il n'est pas permis d'écarter systématiquement. D'abord, en ce qui concerne Sophie, il est constant qu'elle volait son mari, et cela depuis longtemps. Lorsque celui-ci était couché, elle prenait dans ses poches la clef du meuble où il serrait son argent, et s'introduisait mystérieusement dans la chambre où était ce meuble ; les domestiques l'ont vue cent fois agissant de la sorte, et le marquis s'apercevait bien d'ailleurs qu'on avait remplacé par des jetons ou des cailloux les louis d'or qui lui manquaient. Après l'évènement du 24 août, M. de Monnier, recevant à dîner plusieurs prêtres, familiers de sa maison, fit ouvrir en leur présence, par un serrurier, certaines cassettes que Mme de Monnier avait abandonnées dans sa chambre. On y trouva une fausse clef qu'elle avait fait confectionner et qui ouvrait le coffre-fort. Un des abbés conta alors que, M. de Monnier lui ayant fait confidence, à une époque antérieure, des vols dont il était victime, il avait adressé des reproches à Mme de Monnier. Celle-ci avait reconnu sa faute; elle avait dit seulement qu'elle indemniserait son mari sur sa dot et qu'elle allait ajouter un codicille à son testament. Singulière réparation offerte par une jeune femme de vingt-deux ans à un mari de soixante-dix! Et comme l'abbé insistait, lui disant encore qu'elle envoyait cet argent à Mirabeau et qu'elle lui faisait porter jusqu'à deux ou trois cents louis à la fois : « Pas tant ! » répondit-elle, ce qui était bien un aveu (1). Pendant le mois d'août, Jeanret avait été chargé presque chaque jour de porter de l'argent en Suisse ; le 25 août, il raconta aux cavaliers de la maréchaussée, en buvant avec eux, que, le mardi précédent, il avait porté aux Verrières deux rouleaux de louis qui pouvaient en contenir cent cinquante au moins.

La famille de Mirabeau, justement émue d'un tel soupçon, n'a jamais bien su la vérité sur cette affaire. A une époque où la poursuite était définitivement éteinte, le bailli de Mirabeau, qui habitait la Provence, écrivait au marquis, son frère, que, pour en avoir le cœur net, il avait « interrogé le pilote de cette femme lors de son évasion ». Il voulait évidemment parler de Cabasson. « J'ai tenu ici, ajoutait-il, le valet chassé qui a conduit cette folle : je l'ai raisonné, en le faisant confesser, comme aurait fait un criminaliste, le prévenant que j'allais l'interroger comme on l'interrogerait ; je tournai ce pauvre diable

---

(1) Déposition de l'abbé Cornu. *Information*, n° 10, et *Récolement* n° 1.

de telle façon qu'il crut si bien être à la vraie interrogation, qu'il balbutiait et donna le détail de tout. Mais il affirme que cette femme est partie en habits d'homme, et ne portait rien, pas même un paquet dans un mouchoir » (1). Ce témoignage, qui calmait la conscience du bailli, ne prouvait pas grand'chose, comme on a pu le voir par ce qui précède. M. de Monnier se trouva un moment si dénué de ressources qu'il dut réclamer à un curé du voisinage vingt-cinq louis qu'il lui avait confiés pour faire effectuer des réparations, pendant qu'il serait dans ses terres à Nans.

Quoi qu'il en soit de ces vols et des intentions de ceux qui les commirent, ils n'en profitèrent pas longtemps ; car, arrivés en Hollande, ils tombèrent dans une misère profonde, et Mirabeau dut gagner, en travaillant pour des libraires, sa vie et celle de Sophie. Une lettre qu'il écrivit à un libraire de Neuchâtel, au sujet d'un manuscrit, fit connaître à Pontarlier le lieu de leur retraite. Sage, l'homme de confiance de M. de Monnier, arrivait à ce moment de Lyon, où il s'était rendu auprès de Mme de Cabris, pour s'informer de son frère. Son maître l'envoya en Hollande pour tenter avec Sophie une négociation qui n'aboutit pas et dont on ne connait pas bien l'objet. Mirabeau a prétendu que Sage avait mission d'offrir à Mme de Monnier de l'argent et de la ramener ; Sage a prétendu, au contraire, qu'il s'était borné à remettre une lettre (2). C'est sans doute l'échec de cette

(1) Lettre du 11 avril 1783. — Lucas de Montigny, t. II p. 157.
(2) Déposition de Sage. — *Récolement*, n° 34, et *Confrontations*, n° 22.

ambassade qui décida M. de Monnier à s'adresser à la justice ; il déposa une plainte le 1ᵉʳ octobre 1776, et fit ouvrir une instruction qui dura sept mois. Pendant ce temps, Mirabeau fut tenu régulièrement au courant, par l'avocat Mauvaiset, des incidents de la procédure (1). Le jugement définitif, qui intervint le 10 mai 1777, condamnait Mirabeau à avoir la tête tranchée, et Mme de Monnier à être enfermée, sa vie durant, dans une maison de refuge. Quatre jours après cette sentence, le 14 mai, Mirabeau et Sophie étaient arrêtés à Amsterdam, en vertu d'un ordre d'extradition obtenu par le marquis de Mirabeau et par les Ruffey, et auquel M. de Monnier était absolument étranger.

Mirabeau, ramené à Paris, fut conduit au donjon de Vincennes ; Sophie fut enfermée d'abord à Paris, rue de Charonne, dans une sorte de maison de discipline tenue par une demoiselle Douay, puis transférée dans un couvent de Gien, où elle devait rester jusqu'à sa mort. Au moment de son arrestation, Sophie était enceinte. Dans le courant de l'année 1778, le bruit public apprit à M. de Monnier, qui, depuis le départ de sa femme n'avait pas quitté Pontarlier, que celle-ci venait d'accoucher à Paris. Après diverses recherches, on découvrit, sur les registres de l'église paroissiale de Montmartre, « l'acte de baptême d'un enfant du sexe féminin, né le 7 janvier 1778 et baptisé le lendemain sous les noms de Sophie-Gabrielle, fille de Marie-Thérèse-Sophie Richard de Ruffey, épouse

---

(1) Voir notamment une lettre du 1ᵉʳ mars 1777. — Lucas de Montigny, t. II, p. 170.

de messire Claude-François marquis de Monnier, chevalier, etc. » (1). Décidé à se soustraire aux suites d'une paternité qu'on lui attribuait bien gratuitement, M. de Monnier présenta requête au lieutenant-général du bailliage, et, sur l'autorisation qui lui en fut donnée le 9 mai 1778, introduisit une action en désaveu. Il y eut ensuite quatre jugements dont l'un, daté du 2 août 1779, condamnait M. de Monnier « à payer par provision au tuteur *ad hoc* de l'enfant, pour subvenir aux aliments de ce dernier et aux frais du procès, une somme de 1,500 livres » (2). Un autre jugement, du 6 décembre 1779, appointait les parties en droit. Ce fut le dernier acte de cette procédure, qui resta inachevée, comme le prouve un certificat donné au comte de Mirabeau le 29 avril 1782 par les officiers du bailliage (3). En effet, l'enfant mourut en nourrice à la fin de mai 1780, et M. de Monnier abandonna une instance désormais sans intérêt.

La mort de leur enfant brisa le dernier lien qui unissait Mirabeau à Mme de Monnier. Sorti de Vincennes à la fin de 1780, Mirabeau, qui n'avait pas trop à se louer de la fidélité de sa maîtresse, eut avec elle au couvent de Gien, en juillet 1781, une entrevue assez pénible, qui devait être la dernière. Mais, si le roman d'amour était terminé, le roman judiciaire commençait à peine. Sûr désormais de l'appui de sa famille, Mirabeau allait s'attaquer à la sentence qui

---

(1) *Liasse des jugements sur requête du bailliage de Pontarlier pour 1778.*
(2) *Registre des sentences sommaires.* Août 1779.
(3) *Registre des délibérations*, f° 127.

l'avait frappé, et s'efforcer de détruire l'accusation qui pesait encore sur lui. Pour purger sa contumace, il allait rentrer à Pontarlier, après plus de cinq ans, et s'y faire connaître sous un jour tout nouveau. En effet, dans le second procès, qui commence en février 1782, celui qui le remplit de sa personnalité puissante n'est plus le Mirabeau d'autrefois, fauteur d'intrigues, de cabales et d'aventures romanesques ; c'est un Mirabeau avocat, jurisconsulte et déjà orateur incomparable. Dans les Mémoires qu'il publie alors, il se montre écrivain éloquent ; mais ce qui surtout confond l'esprit du lecteur, ce sont ces interrogatoires et ces confrontations qu'il conduit bien plus qu'il ne les subit ; c'est le plan général d'une défense qu'il édifie et qu'il dirige lui-même, au point d'étonner ses conseils et de leur arracher des cris d'admiration ; ce sont enfin les ressources inépuisables d'un esprit qu'aucun obstacle n'embarrasse, qui ne se déconcerte de rien, et qui sortira vainqueur d'une lutte judiciaire, où il avait contre lui toutes les chances. Ce côté nouveau de la question mérite une étude séparée, qui fera l'objet de la seconde partie de ce travail.

DEUXIÈME PARTIE

Pendant les trois années que Mirabeau passa enfermé au donjon de Vincennes, il ne fut jamais inquiété pour la condamnation par contumace du bailliage de Pontarlier. La lettre de cachet, dont on poursuivait contre lui l'exécution avec tant de rigueur, était en même temps pour le prisonnier d'État une sauvegarde contre les entreprises des gens de justice. Il connaissait déjà, il est vrai, la sentence qui lui avait fait perdre la tête, mais il y attachait peu d'importance ; il s'émouvait seulement de l'exécution par effigie, qui avait eu lieu à Pontarlier le 17 juillet 1777, et qu'il appelle quelque part « une insolence difficile à digérer » (1). Au fond il ne se souciait

---

(1) Lettre à Sophie du 1ᵉʳ juillet 1779 ; *Correspondance de Vincennes*, t. II, p. 438. — Voyez aussi une lettre à M. Boucher du 5 octobre 1779, dans Lucas de Montigny, t. III, p. 223.

pas de recommencer ce procès scandaleux, et savait bien que son père aurait toujours assez de crédit pour lui faire obtenir des lettres d'abolition.

En 1779, les Ruffey cherchaient à amener une sorte de réconciliation entre M. de Monnier et leur fille ; Mirabeau insiste auprès de Sophie pour qu'elle exige l'anéantissement de la procédure : ce n'est pas qu'il ait besoin du secours des Ruffey pour sortir d'embarras, mais il croit que Mme de Monnier ne pourrait pas traiter honorablement, en paraissant le laisser dans la peine. Les négociations n'aboutirent pas, parce que Mme de Monnier trouvait en face d'elle non seulement son mari, devenu infirme et presque aveugle, mais la fille de celui-ci, Mme de Valdahon, longtemps brouillée avec son père, puis rentrée en grâce après le départ de Sophie, et qui redoutait de voir sa belle-mère reprendre, avec sa dot, tous ses avantages matrimoniaux. Mme de Valdahon avait été l'inspiratrice de toutes les mesures de rigueur prises depuis trois ans : plainte au criminel, action en désaveu, rien de tout cela n'aurait sans doute eu lieu sans elle ; et lorsque, par la mort de l'enfant, le plus « grand obstacle eut disparu » (1), elle fit encore échouer tout projet d'accommodement.

Mme de Monnier resta donc au couvent, tandis que Mirabeau sortit de Vincennes le 13 décembre 1780. Même alors il ne fut pas inquiété, car l'ordre du roi, qui lui avait ouvert les portes du donjon, lui enjoignait « de se retirer dans les lieux que son père lui

---

(1) Lettre à Sophie du 20 juillet 1780 ; *Correspondance de Vincennes*, t. III, p. 357.

fixerait et lui défendait de s'en éloigner sous quelque prétexte que ce fût, sous peine de désobéissance » (1). Sa liberté n'était pas encore définitive.

Le marquis de Mirabeau s'était décidé à tirer son fils de prison parce que la mort de son petit-fils, survenue en 1778, le laissait sans postérité. Il aurait voulu que Mirabeau reprît avec sa femme la vie commune, mais la comtesse de Mirabeau ne se prêtait pas à un rapprochement, et, de ce côté encore, les négociations étaient délicates. Pour réussir en Provence, il fallait s'attaquer d'abord à la sentence de Pontarlier : « Honoré, écrivait le marquis, a son autre affaire dans la tête, à savoir de se la remettre sur les épaules » (2). On appela donc les avocats à « disséquer la procédure et à en démontrer les nullités. » Mirabeau prit sa bonne part de ce travail, « badinant avec M. de Maurepas, plaidant avec le garde des sceaux, allant droit à des lettres d'abolition, puis s'arrêtant d'un seul coup sur l'intérêt de sa coaccusée, et voulant aller à la cassation » (3). Deux ans auparavant, il ne voulait pas que Sophie traitât sans lui ; aujourd'hui, il ne veut pas traiter sans elle : « il s'échauffe pour la folle, qu'il ne veut pas laisser en contumace » (4). Il n'a plus guère d'amour pour elle, mais il fait de cette exigence une question

---

(1) *Premier Mémoire*, p. 15, de l'édition in-8°, note 1re.
(2) Lettre à Mme du Saillant du 16 février 1781 ; Lucas de Montigny, p. 217. — Mirabeau se nommait Honoré-Gabriel ; les membres de sa famille lui donnent en général le premier de ces prénoms, et Mme de Monnier lui donne l'autre.
(3) Lettre du marquis au bailli du 21 février 1781; *ibid*. p. 144.
(4) Lettre du même au même du 10 octobre 1781; *ibid*. p. 187.

d'honneur. « Quel que soit le résultat de ses efforts, il aura du [moins le doux plaisir d'être vengé, ou d'avoir réparé les malheurs d'une femme qu'il a eu celui de compromettre si essentiellement » (1). Le marquis n'a pas la même confiance dans l'issue du procès : « tous les meilleurs et plus habiles criminalistes que j'ai consultés, écrit-il, disent que l'affaire est affreusement liée, et la sentence combinée et inattaquable, et les termes si généraux qu'ils mettent la tête à la merci absolue du juge pour un crime qui n'a pas d'exemple à remonter à Louis-le-Gros, et que les lois n'ont su prévoir. Honoré n'en veut rien croire, rugit et barbouille du papier jour et nuit »(2).

Avant de rentrer à Pontarlier où il allait décidément purger sa contumace, Mirabeau voulut examiner les pièces de l'instruction, et il se les fit communiquer, non sans peine toutefois, car la procédure, envoyée de Pontarlier à Paris en 1778, ne se trouvait pas, malgré les ordres du garde des sceaux. Mirabeau s'indigne du retard ; rien n'est comique comme l'impatience de ce condamné à mort, qui propose gravement de faire pendre les commis qui ont failli le faire attendre. Enfin le dossier fut retrouvé, et on le lui envoya au Bignon, où son père l'obligeait à demeurer ; il put prendre des notes et réfléchir tout à loisir sur son plan de défense.

Il partit du Bignon, dans les premiers jours de

---

(1) Lettre de Mirabeau du 14 février 1782 ; Vitry, p. 62.
(2) Lettre au bailli du 18 août 1781 ; Lucas de Montigny, p. 217.

février 1782, accompagné par le sieur des Birons, son avocat, à qui le marquis avait confié à la fois la défense de son fils et la garde de son prisonnier. Le 6, ils se trouvaient tous deux à Dijon, où des Birons vit Mme de Ruffey, qui promit de donner la main à tout accommodement honorable; le 11, ils arrivèrent à Pontarlier : « notre affaire, écrivait ce jour-là Mirabeau, est infiniment sérieuse et délicate, mais nous avons fait des découvertes uniques et décisives, que l'on ne pouvait faire qu'à Pontarlier » (1).

En entreprenant une lutte judiciaire contre le marquis de Monnier, Mirabeau s'attaquait à forte partie, car, à Pontarlier, « jusqu'au dernier huissier, tout était vendu aux Valdahon » (2). Le commissaire du bailliage pour l'instruction était le lieutenant criminel Robelot, qui, déjà en 1776, avait dirigé l'information et prononcé la sentence. C'est le seul peut-être des officiers du bailliage, dont Mirabeau n'ait pas contesté l'impartialité : « je n'ai encore véritablement reçu de lui que des honnêtetés » (3), dit-il dans son premier Mémoire. Mais il ne trouve jamais d'expression

---

(1) Vitry, p. 62.

(2) Lettre de Mirabeau du 17 février 1782 ; Vitry, p. 66. — Le jour où Mirabeau voulut faire signifier un acte à la partie civile, il eut grand'peine à trouver un huissier : « tous les huissiers fuyaient, dit-il, et celui qui a été obligé d'occuper a été salué de toutes sortes d'invectives par le sieur Demesmay, procureur de M. de Monnier ; car le souverain permet qu'on plaide contre lui. Mais M. de Monnier !... eh, qui est donc le comte de Mirabeau pour se jouer à Mme de Valdahon ! » Deuxième Mémoire, p. 78.

(3) P. 20. — Il a dit dans son premier interrogatoire : « je connais M. le commissaire trop honnête, et je rends trop de justice à la droiture de ses intentions... ».

assez énergique pour flétrir le substitut Sombarde, l'âme damnée des Valdahon, celui qu'il va un jour jusqu'à traiter de prévaricateur. Michaud, le procureur du roi, s'était abstenu, en 1776, de participer à la procédure, sous le prétexte d'une parenté avec M. de Monnier, mais plutôt à cause de l'amitié, qui l'unissait à l'accusé ; en 1782, Michaud se montre encore l'ami le plus fidèle et le plus sûr : « M. Michaud, écrit Mirabeau le 11 février 1782, qui est le meilleur et le premier des criminalistes, fait de mon affaire la sienne propre et en répond ; M. des Birons et lui trouvent qu'il y a trente fois de quoi gagner le procès, même pour Mme de Monnier ; mais il faut marcher avec toute la circonspection imaginable » (1). Il écrivait plus tard : « l'homme qui sait vraiment mon affaire est mon ami Michaud, et M. des Birons peut vous dire si c'est un homme sage, et s'il sait me contrarier au besoin » 2).

Mirabeau se fit écrouer, le 12 février, dans les prisons du bailliage par un huissier, qui refusa longtemps de constater que cette constitution était volontaire, et ne céda qu'à l'autorité du lieutenant criminel. L'état matériel de l'acte d'écrou montre que les allégations de Mirabeau à ce sujet étaient exactes (3).

---

(1) Vitry, p. 61.
(2) Lettre à du Saillant du 6 juin 1782 ; Vitry, p. 238.
(3) On lit dans cet acte : « j'ai écroué sur le registre de la geôle des prisons royales du bailliage de Pontarlier, M. le comte de Mirabeau fils, *qui s'est volontairement rendu et constitué à l'effet de purger sa contumace, sous toutes réserves de ses droits et protestations nécessaires, à l'heure de 7 du matin, suivant que le concierge me l'a déclaré*, prisonnier ès-dites prisons, etc... » Le membre de phrase souligné fait l'objet d'un renvoi en marge. — Cote 103 de la procédure.

Le même jour 12 février, il subit son premier interrogatoire. Certes tout a été dit sur les rigueurs d'une législation criminelle, qui n'admettait pas de débats publics, et n'accordait pas de défenseur à l'accusé, lorsqu'il était traduit devant ses juges. Telle était la situation faite à notre héros; mais si l'on songe qu'ici l'accusé était Mirabeau, c'est-à-dire qu'il était doué d'une intelligence supérieure et d'une admirable éloquence, on reconnaîtra qu'entre l'accusation et la défense, l'égalité était bien près d'être rétablie. Le lieutenant criminel savait qu'il aurait affaire à un rude adversaire, et c'est pour cela que le 11 février, lorsque des Birons lui avait annoncé que Mirabeau allait se rendre prisonnier, il avait demandé le reste de la journée pour se préparer.

On lit dans une étude récente sur *Mirabeau devant le parlement d'Aix* (1), que « la journée du 20 mars 1783 est une grande date dans l'histoire de l'éloquence française, car c'est ce jour-là que pour la première fois Mirabeau a pris la parole en public. » Le 12 février 1782 est une grande date aussi, car c'est ce jour-là que Mirabeau, si souvent emprisonné, sans jamais avoir été écouté ni entendu, put, pour la première fois, se défendre devant un juge. Dans les procès-verbaux d'interrogatoire, la parole de l'accusé est trop souvent défigurée par la traduction qu'en fait le juge, et cependant on reconnaît à certains traits hardis et superbes que celui qui parle est un orateur. Il y a des moments où Mirabeau ne se contente pas

---

(1) Par M. Justin Séligman, secrétaire de la conférence des avocats de Paris. — Paris, 1884.

de répondre, mais où il plaide, où il n'attend pas qu'on l'interroge, mais où il prend l'offensive pour démolir pièce à pièce une accusation dont il affecte de découvrir successivement tous les éléments, bien qu'il les connaisse fort bien d'avance.

Dans son premier interrogatoire, il déclare d'abord n'avoir jamais eu avec Mme de Monnier « aucunes espèces d'intrigues ni aucuns commerces de galanterie. » Si à partir du mois de janvier 1776, il a cessé de se montrer dans la ville, ce n'est pas que, comme on le prétend, il ait couché plusieurs nuits dans la maison de M. de Monnier, à l'insu de celui-ci : il s'est rendu d'abord en Suisse, d'où il est revenu parce qu'on « pouvait empoisonner cette retraite en pays étranger », et il s'est ménagé divers asiles à Pontarlier pour y attendre l'issue de ses affaires et les secours ou avis de ses parents ou amis. Dans ces retraites Mme de Monnier le visitait, il ne le nie pas, certes, car elle ne le visitait que de l'aveu de son mari, et même sur la prière de ce dernier. Il ne nie pas non plus s'être introduit le 16 février, après la nuit tombée, dans la maison de M. de Monnier ; il venait voir celui-ci, qu'il vit en effet, à qui il communiqua des lettres, et qui lui offrit de l'argent. S'il se cachait des domestiques, c'est qu'on « était alors tout au milieu de la fermentation des recherches de M. de Saint-Mauris, et qu'il ne voulait pas avoir autant de confidents que de valets ».

L'interrogatoire continue dans l'après-midi du même jour. On demande à Mirabeau s'il « n'écrivit pas à Mme de Monnier, après le 27 mai, que le projet d'évasion avait échoué ? — *R*. Dans cette question, répond-il, je crois entendre parler d'un épisode de roman, puisque j'ai déjà déclaré n'avoir aucune connaissance d'un projet quelconque d'évasion de Mme de Monnier. — *D.* L'évasion de Mme de Monnier n'est pas un roman, puisqu'elle est réelle. — *R.* Il me semble qu'on n'a parlé jusqu'ici que d'un projet d'évasion qui se rapportait au mois de mai, et il est de notoriété publique qu'alors et longtemps après Mme de Monnier était à Pontarlier chez son mari ; ainsi il n'y a rien de réel, quant à présent, dans ce qu'on propose. — *D.* N'avez-vous pas tenté de faire réussir ce projet dans les derniers jours du mois de mai ou au commencement de juin 1776 ? — *R.* Toujours roman. — *D.* Une procédure instruite suivant les lois n'est pas un roman. — *R.* Je connais tout le respect dû aux lois et à leurs organes, mais une procédure, surtout par contumace, n'est fondée que sur une plainte qui peut être un roman, et, Dieu et mon innocence aidant, j'espère prouver que MM. de Monnier et consorts ne sont que de mauvais faiseurs de romans ».

On l'interroge sur l'évasion de Mme de Monnier, qui a eu lieu le 24 août 1776. Il dit avoir « eu, comme toute la France, et peut-être comme toute l'Europe, connaissance que Mme de Monnier avait quitté la maison de son mari » ; mais il ajoute que « cette question étrange lui donne à son tour des soupçons», et il demande qu'on lui lise la requête de plainte pour pouvoir vérifier si le crime d'adultère s'y trouve expressément dénoncé par le plaignant, qu'on l'admette du moins à parapher cette pièce, pour que, dans l'avenir, les adversaires ne puissent pas en altérer les termes. Le lieutenant criminel refuse de satisfaire à cette demande qui lui paraît contraire à la loi, et alors, entre le magistrat et l'accusé, s'engage une longue controverse juridique, que Mirabeau clôt lui-même en ces termes : « Sans m'arrêter plus longtemps à une discussion qui pourrait devenir interminable entre un homme qui a l'autorité du roi et des lois et celui qui est dans les fers, je prie M. le commissaire de faire mention dans le procès-verbal d'interrogatoire de ma réquisition, qui trouvera son application plus d'une fois peut-être dans le cours de l'instruction ».

Au surplus il nie tous les faits qu'on dit s'être passés aux Verrières-Suisses le 24 août ou les jours suivants, et croit se souvenir qu'à cette époque il se trouvait à Genève.

Le 13 février, l'interrogatoire reprend pour la troisième fois. On demande à Mirabeau si Mme de Monnier a résisté longtemps à la passion qu'il témoignait pour elle : « on ne résiste pas, répond-il, à ce qui n'existe pas. J'ai été pénétré de reconnaissance des marques d'amitié et des services que j'ai reçus de M. de Monnier pendant mon séjour à Pontarlier. Cette reconnaissance se partageait entre M. et Mme de Monnier que je regardais alors comme l'auteur de ces bons procédés ; il n'a pas tenu à moi que cette reconnaissance ne fût un sentiment éternel, et j'y ai tant de regrets que je ne me console de me trouver la partie adverse de M. de Monnier qu'en pensant que je ne dois attribuer ces procédés atroces qui ont succédé à tant de témoignages d'affection qu'à la plus vile, la plus cupide et la plus lâche obsession ».

Il déclare n'avoir « jamais eu connaissance que Mme de Monnier fût grosse », et comme on lui objecte qu'il nie des faits qui ont été publics, il s'écrie : « de telles informations ne peuvent porter que sur des dépositions fausses que je ferai tomber à la confrontation. Cette assertion vague de faits qui ont été publics ne saurait être une preuve légale ; le public assure et débite le plus souvent des choses fausses, et comme enfin je ne me suis mis ici que pour faire tomber cette sentence qui attentait à ma vie, j'ai trop de respect pour mes juges pour imaginer que des bruits aient pu influer sur leur jugement ; il n'a pu être prononcé que sur des preuves légales, lesquelles je crois avoir atténuées dans leur plus grande partie par mon seul interrogatoire ; je m'engage à faire crouler le reste à la confrontation ». Ici Mirabeau « ne s'entendant plus faire de questions », prend spontanément la parole, et prononce un véritable discours que le procès-verbal d'interrogatoire analyse consciencieusement, pour montrer que la représentation de la requête de plainte n'aurait pas dû lui être refusée (1).

Tel est ce premier interrogatoire, le plus long et le plus intéressant que l'accusé ait subi dans toute la procédure. Mirabeau écrivait le lendemain à son ami Vitry qu'il avait subi trois interrogatoires en deux jours, qu'on voulait lui en faire subir d'autres, mais que ses réponses lui donnaient trop d'avantages, qu'enfin le dernier interrogatoire avait été faible,

---

(1) Cote 104 de la procédure.

qu'il l'avait rendu sérieux et très vigoureux. Ses adversaires, effrayés de tant d'audace, songèrent à traiter et détachèrent auprès de lui jusqu'à ses juges pour parler d'accommodement; il répondit qu'il verrait après sa mise en liberté. « Le lieutenant criminel, raconte-t-il, ayant commencé hier par me dire : « Monsieur le comte, il faut accommoder », je lui répondis : « Monsieur, permettez-moi de vous obser-« ver que nous sommes ici pour interroger et pour « répondre » (1).

Le marquis de Mirabeau était d'avis que son fils se retirât après le premier interrogatoire qui faisait tomber la contumace ; lui ne voulait quitter qu'après la clôture définitive de l'instruction, « ne se souciant pas de rester à la merci du garde des sceaux ou du procureur général, ou du premier gratte-papier qui voudrait lui susciter une mauvaise affaire » (2). Il espérait du moins obtenir son élargissement aussitôt après le premier interrogatoire ; à cet effet il présenta sa requête dès le 13 février, mais, en attendant la décision du tribunal, il s'occupa de rédiger un Mémoire, qui fut fait en une matinée. Ce Mémoire est le premier, et comme la préface de tous ceux qui ont été publiés par Mirabeau au cours du procès ; sans entrer dans aucune discussion, il avait pour but de disposer favorablement l'opinion publique par un récit des faits tout à l'avantage de l'accusé, et où toutes les circonstances de nature soit à le charger, soit à le

---

(1) Lettre du 14 février 1782 ; Vitry, p. 65.
(2) Lettre du 6 février 1782 ; *ibid*, p. 58.

faire juger défavorablement, seraient soigneusement dissimulées. Mirabeau le terminait par une allusion à la demande en élargissement, sur laquelle les juges délibéraient en ce moment même au-dessus de sa tête.

« Ils ont délibéré, ajoutait-il dans un post-scriptum, et mon élargissement provisoire est accordé ». En effet le bailliage, par un jugement rendu le 16 février, à 11 heures du matin, autorisa la mise en liberté de Mirabeau ; mais Sombarde interjeta aussitôt appel de cette décision, et le même jour, à cinq heures du soir, fit confirmer par un huissier l'écrou du prisonnier, qui se préparait à sortir. « Michaud, écrit Mirabeau, qui ne parle jamais qu'il n'ait réfléchi une heure, dit hier à la première nouvelle de la sentence: « leur affaire est moins mauvaise à cause de cette « déférence ». Il était avec moi quand on me récroua, il laissa sortir l'huissier, et cela fut long : « je ne « voudrais pas dit-il, pour mille louis, avoir fait ce « que vient de faire Sombarde, il lui en cuira » (1).

Mirabeau se résigne cependant et annonce que, pour ne pas perdre de temps, il ne fera pas juger l'appel. Le 19 février, il subit un nouvel interrogatoire : on l'interroge sur l'épisode de cette nuit de janvier, où il fut surpris dans la cour de la maison de M. de Monnier par le cocher de celui-ci, qui lui donna même un coup de fourche; il semblait résulter de l'instruction que le lendemain, dans la cuisine, il avait avoué cette circonstance à la femme de chambre

---

(1) Lettre du 17 février 1782 ; *ibid*, p. 66.

de Mme de Monnier. Mirabeau nie à la fois et le fait et l'aveu : « de ma nature, dit-il, j'habitais peu les cuisines ; dans tous les cas, je ne me rappelle pas les avoir jamais prises pour théâtre de mes confidences. Sur le tout, des faits aussi absurdement controuvés et combinés ne mériteraient que le rire et la pitié, s'il n'y avait pas des exemples en Europe que c'est sur de telles charges qu'on a condamné quelquefois un homme de qualité à perdre la tête ». On lui représente la lettre saisie, celle qui avait été interceptée par Mlle Barbaud et dont il lui était difficile de nier sérieusement qu'il fût l'auteur. Aussi répond-il presque sur le ton de la plaisanterie : « cette lettre paraît d'une écriture fort semblable à la mienne, mais elle serait incontestablement de ma main, ce dont assurément je ne conviens pas, que je ne vois pas encore ce que ferait cette similitude. L'écriture de mon père par exemple ressemble infiniment à la mienne, mille autres peuvent y ressembler de même. On ne peut rien conclure d'une lettre sans date, sans adresse, mutilée, effacée, raturée ; peut-être est-ce là la machination de quelque ennemi, peut-être est-ce un chiffre, peut-être un peu d'esprit ; on pourrait par exemple avoir médité une évasion comme épisode d'un roman, et fait le projet d'une lettre comme morceau dramatique dans cet objet ; peut-être les mots retranchés prouveraient-ils tout cela et ne l'ont-ils été qu'à cause de cela : d'ailleurs la représentation de cette lettre a paru inutile, puisqu'on n'en a pas fait la reconnaissance, et que je n'ai point été déclaré atteint et convaincu de l'avoir écrite ; en effet une lettre, qui est une pièce secrète, ne pourrait jamais faire pièce de conviction. Enfin je ne comprends pas pourquoi on se tue à chercher des preuves d'un rapt de séduction qui, par les lois du royaume, ne saurait, dans les circonstances du procès, avoir d'existence ; c'est renouveler l'histoire de la dent d'or ; il faut prouver qu'elle existe, avant de chercher le comment elle existe ». Au surplus il ne veut pas dire si oui ou non cette lettre a été écrite par lui, car « il lui est impossible de se rappeler, dans l'immensité des choses qu'il a écrites dans sa vie, s'il a véritablement écrit telle ou telle ».

Enfin on l'interroge de nouveau sur les évènements des Verrières Suisses, et alors Mirabeau s'avise d'un « moyen victorieux, que ses adversaires ont eu l'imbécillité de ne pas entrevoir et qui, dans sa pensée, abat les seules dépositions redoutables » (1), c'est que les faits passés en Suisse échappent entièrement à la compétence du juge français, que les témoignages relatifs à ces faits doivent être réputés non avenus, et que, lui accusé, doit s'abstenir de répondre aux interrogats qui s'y rapportent (2).

Le 21 février, le bailliage ordonna par jugement que les confrontations commenceraient sans délai, que la lettre jointe au procès, serait vérifiée par experts, et enjoignit au comte de Mirabeau de répondre sur les faits passés en pays étranger, qui résultaient des charges et informations. Mirabeau ne voulut pas se soumettre aux ordres contenus dans la dernière

---

(1) Lettre du 21 février 1782; *ibid*, p. 69.
(2) Cote 111 de la procédure.

partie du jugement, et dans un dernier interrogatoire du 23 février, il se contenta de répondre : Non, à toutes les questions qui lui furent posées.

Les confrontations commencèrent le 26 février. Cette portion de la procédure ne peut pas être analysée ; la lecture des procès-verbaux donne sans cesse l'impression d'une lutte inégale entre des témoins déconcertés par le ton aggressif de l'accusé, et un accusé, maître de lui-même, qui détruit successivement toutes les dépositions reçues dans l'information, étourdit les témoins par des démentis ou des questions captieuses, et réussit presque toujours à les mettre en contradiction avec eux-mêmes. L'art de Mirabeau consiste à relever dans chaque témoignage une erreur insignifiante, le plus souvent une erreur de date, et à s'élever ensuite avec hauteur contre la personne du témoin, dont la sincérité, pour ce seul fait, lui paraît devoir être mise en doute. Les confrontations les plus curieuses sont celles où Mirabeau réussit à arracher à divers témoins l'histoire de la lettre incriminée et l'explication des diverses vicissitudes, qui ont fait tomber ce document aux mains du magistrat instructeur. Le 3 mars, il obtient de M. de Saint-Mauris la déclaration que cette lettre lui a été remise par Mlle Barbaud, devenue depuis Mme Mauvaiset. Le 5 mars, il est mis en présence de cette dernière ; l'avocat Barbaud avait fait une démarche auprès de Mirabeau pour « arranger la déposition de sa sœur et obtenir qu'elle ne fût pas compromise. Il l'avait trouvé de fort bon compte » (1).

---

(1) Lettre de Mirabeau du 21 février 1782 ; Vitry, p. 69.

Mirabeau avait d'ailleurs de réelles obligations à l'avocat Mauvaiset, comme on a pu voir dans la première partie de cette étude. Malgré tout cela il ne ménage pas le témoin : après avoir entendu la lecture de la déposition, il la déclare mensongère, et s'appuie, pour prouver son dire, sur une légère erreur de date commise par Mlle Barbaud. Celle-ci s'écrie qu'elle a pu oublier une date : « Il serait commode, répond Mirabeau, d'en être quitte, quand sa déposition a fait perdre la tête à un homme, pour dire qu'on a pu oublier les dates, et déposer faux, évidemment, et sous serment, à l'abri du simple prétexte d'oubli. Cela pourrait être tolérable, dans la supposition de la plus extrême faveur, s'il s'agissait d'une date indifférente et dont le changement ne fît que reculer ou avancer le fait sans le renverser évidemment ; mais ici, il s'agit d'une date qui est absurde par toutes les pièces du procès, qui détruit incontestablement le fait au jour qu'elle énonce, et il serait abominable devant Dieu et devant les hommes de vouloir conclure que, puisque le fait qui opère charge n'a pas pu se passer le 9 janvier, jour désigné par le témoin, il s'est apparemment passé un autre jour qu'on ne se rappelle pas, mais où le fait serait possible. On doit énoncer formellement et distinctement ce que l'on sait sans nul nuage, et ne pas parler de ce dont on ne se souvient pas ». L'accusé déclare en conséquence que ce n'est pas sur la date que le témoin s'est trompé, mais sur le fait et que cela n'est pas contestable. Ensuite il interpelle Mlle Barbaud sur la lettre que, dans sa déposition, elle disait avoir vue chez M. de Saint-Mauris, lui fait avouer qu'elle a remis une lettre à M. de Saint-Mauris, que cette lettre lui avait été apportée par une Suissesse dans la matinée du 24 août; mais il ne peut pas lui faire dire franchement si la lettre qu'on représente est bien celle qu'elle a remise. La malheureuse femme se retire toute bouleversée par les reproches et les menaces de l'accusé qui fait des réserves pour la poursuivre comme faux témoin (1). Mirabeau écrivait le même jour à Mme du Saillant, sa sœur : « J'ai subi aujourd'hui une confrontation de dix heures pour deux seuls témoins, à qui j'ai, Dieu merci ! bien fait payer la leçon ». Le bailli de Mirabeau écrivait de son côté le 10 mars : « il vient de turlupiner et faire dédire à la confrontation les témoins les plus oculaires qui pourtant avaient été bien abouchés et bien sifflés » (2).

Il fut encore confronté le 7 mars à M. Caffod de Lafferrière, qui très loyalement raconta qu'il avait décacheté et lu, avec Mlle Barbaud, la lettre reçue par cette dernière, et qu'il avait fait lui-même, au bas de la première page, la coupure qui s'y remarque encore aujourd'hui, afin de faire disparaître un nom, qui était celui de Mlle Barbaud. Et aussitôt l'accusé de s'écrier : « Les déposition et récolement de la demoiselle Barbaud fourmillent de contradictions non seulement entre eux, mais encore avec la narration simple et naturelle que vient de faire le présent témoin. Il est évident que la mauvaise foi perce de toute part dans la conduite de cette demoiselle au sujet de cette lettre, ce qui, outre les faussetés et contradictions palpables que j'ai relevées dans sa

---

(1) *Confrontations*, n° 18. — Le cahier des Confrontations forme la cote 167.
(2) Lucas de Montigny, p. 243.

déposition, me donne tout lieu de présumer que cette lettre, dont on a voulu faire un incident si redoutable au procès, et qui au fond n'y peut servir, non seulement à cause des raisons énoncées dans mes interrogatoires, mais aussi parce qu'il est bien prouvé que ladite lettre n'a été décachetée qu'après le départ de Mme de Monnier, qu'ainsi elle n'a pu favoriser ce départ, que cette lettre ne peut être qu'une machination de Mlle Barbaud, suscitée par les émissaires de mes ennemis ». En terminant, l'accusé proteste en tant que de besoin, se réservant tous droits et actions, même de requérir que la demoiselle Barbaud soit poursuivie extraordinairement comme faussaire et calomniatrice (1).

Cependant les protestations de Mirabeau n'empêchaient pas qu'on ne poursuivit, conformément au jugement du 21 février, la vérification de la lettre. Le 11 Mars, l'accusé est conduit à la salle du Conseil pour assister à la reconnaissance des pièces de comparaison ; c'est la première fois, depuis le début du procès, que Mirabeau se trouve en présence de ses adversaires, ou du moins en face de leurs mandataires. Qui pourrait se charger de peindre cette séance curieuse, alors que Mirabeau nous en a laissé lui-même un compte-rendu, où il donne carrière à sa verve étincelante, et qui peut être considéré comme une excellente scène de comédie ? Avec quel art de mise en scène, il nous montre réunis dans la salle du Conseil : « le célèbre et non jamais assez loué sieur

---

(1) *Confrontations*, n° 21.

Sombarde, l'illustre sieur Maillard. qui, chancelant et bourgeonné comme le vieux Silène, n'en a ni l'hilarité ni l'embonpoint; le greffier qui ressemble beaucoup au lémure, qu'un poëte placerait aux pieds du juge des enfers ; le sieur Demesmay, son frère, dont la figure insinuante et douce jusqu'au patelinage annonce l'âme d'un procureur sous la figure d'un parasite ; M. le commissaire enfin, dont la présence seule m'aurait rassuré contre ce groupe d'étourneaux. Je les aborde avec plus de gaîté et moins de révérences qu'ils ne me reçoivent ! » (1) Il est seul contre tous, seul. car l'Ordonnance criminelle ne lui accorde pas de défenseur ; seul, car on a choisi pour l'appeler, un jour où son conseil, des Birons, venait de partir pour Neuchâtel, et sans préparation aucune, car on l'a prévenu quelques minutes seulement avant la séance. « Je ne savais pas même, dit-il, ce dont il allait être question, mais à la vérité je m'en doutais un peu » (2). Aussi tient-il tête à tous ses adversaires, et réussit-il à les démonter, même sur le terrain du droit. D'abord il proteste d'une façon générale contre la vérification d'écriture qu'on veut tenter, vérification inutile à son avis, car le crime d'adultère et celui de rapt de séduction ne peuvent être prouvés que par témoins ; vérification inutile dans l'opinion même des premiers juges, puisque, en 1776, ils n'ont pas jugé à propos de l'ordonner. Ensuite il discute successivement et repousse tous les documents qu'on propose comme pièces de comparaison.

---

(1) *Deuxième Mémoire*, p. 139.
(2) *Ibid.*

L'Ordonnance de juillet 1737, qui réglait en ce temps-là les vérifications d'écritures, n'admettait comme pièces de comparaison que celles qui seraient authentiques par elles-mêmes, et décidait qu'on considérerait comme telles « les signatures apposées aux actes passés devant notaires ou autres personnes publiques, tant séculières qu'ecclésiastiques, dans le cas où elles ont droit de recevoir des actes en ladite qualité, comme aussi les signatures étant aux actes judiciaires faits en présence du juge et du greffier » (1). La partie civile cherchait en vain à se procurer des pièces semblables, lorsque le greffier s'avisa qu'il possédait divers documents revêtus de la signature de l'accusé : c'était, en premier lieu, sa requête en élargissement provisoire, puis un acte d'élection de domicile et un acte de cautionnement, dressés sur le registre du greffe le jour où l'élargissement provisoire avait été ordonné par le bailliage. Mirabeau avait écrit de sa main sur le premier acte, avant d'apposer sa signature : « présentée le 17 février 1782, sous toutes protestations et réserves contre qui il appartiendra » ; il avait écrit aussi sur l'acte de cautionnement : « sous toutes protestations et réserves tant contre la partie civile que contre tous autres » (2). C'était une imprudence de sa part, mais « quel général, dit-il, n'a pas fait quelquefois de faux mouvements ? Frédéric en a vingt sur le corps, César huit ou dix dont il avoue quatre, Turenne deux » (3). Aussi la joie

---

(1) Titre Ier, art. 13.
(2) Cotes 105 et 107.
(3) *Deuxième Mémoire*, p. 141.

fut-elle grande à cette nouvelle dans le camp des accusateurs : « on s'embrasse, on se félicite. La découverte est réelle, il est pris... nous le tenons... Et Mme de Valdahon de courir au couvent des Bernardines : « Ah! mes sœurs, quelle grâce le ciel nous « accorde! Il est perdu... nous venons de trouver des « pièces, des pièces... ah! quelles pièces! le procès « est plus clair que le jour... priez, mes sœurs, priez, « il ne s'en relèvera jamais ». O madame de Valdahon!... O mes saintes sœurs!...

Tant de fiel entre-t-il dans l'âme des dévots? » (1)

Mais, reprend Mirabeau, « quand on a fait de ces fautes, il n'y a que l'extrême activité de corps ou d'esprit qui les puisse couvrir : du moins, elle ne me manque pas, elle a été donnée aux hommes pour suppléer à leurs sottises » (2).

On présente à l'accusé une lettre écrite autrefois par lui à M. de Saint-Mauris ; il la repousse « parce qu'une lettre-missive ne peut être représentée sans crime de la part de celui à qui elle était adressée. La délicatesse des sentiments de M. de Saint-Mauris, ajoute-t-il, me donne lieu de douter qu'effectivement cette lettre ait été remise de sa part et qu'elle soit de mon écriture ». On lui présente les interrogatoires qu'il a subis depuis le début de l'instruction et les signatures qu'il y a apposées. Il répond que ces documents, secrets de leur nature, ne doivent pas être

---

(1) *Ibid.*, p. 138.
(2) *Ibid.*, p. 141.

remis aux experts, dont l'opinion pourrait être influencée par leur contenu; d'ailleurs, une simple signature n'est pas un corps d'écriture suffisant pour asseoir leur conviction. Enfin, on lui présente sa requête et les registres du greffe, et le voici aussitôt qui discute sur le sens de l'Ordonnance dont on veut lui appliquer les dispositions. Sur cette question, il connaît tout : textes de lois, auteurs, arrêts, et il en remontre aux conseils de M. de Monnier ; mais il insiste surtout pour qu'on s'en tienne aux termes de la loi et qu'on se soumette purement et simplement à ses prescriptions : « l'Ordonnance, répond-il à l'avocat Maillard, qui intervient dans la circonstance comme mandataire de la partie civile, et qui invoque l'autorité de divers auteurs, l'ordonnance dit ce qu'elle dit et n'a que faire du procureur fondé de M. de Monnier pour s'expliquer. C'est aussi un abus intolérable, quoique très commun en jurisprudence, que de parler d'auteurs et d'autorités, quand on a des textes de lois formels ; les citoyens seraient bien à plaindre, si l'on décidait de leurs propriétés au gré du premier grimaud qui s'est avisé de mettre du noir sur du blanc, de placer son sens très souvent faux ou obtus, au lieu de la volonté du législateur, et qui devient respectable aux yeux de Messieurs les légistes, parce qu'il est mort. Dans le cas présent, l'Ordonnance est plus claire que le jour ; elle ne dit pas : du juge *ou* du greffier, elle dit : du juge *et* du greffier » (1). C'est toute une méthode nouvelle d'exégèse juridique que

---

(1) *Procès-verbal de présentation des pièces de comparaison;* Cote 146 et annexe 34 au *Deuxième Mémoire.*

Mirabeau propose là; comme Beaumarchais, son contemporain et son émule dans le genre du Mémoire judiciaire, il ne se borne pas à protester sourdement contre les abus dont il souffre, il les dénonce hautement pour les corriger. Parfois la véhémence, la forme hautaine de ses réponses, laissent pressentir le tribun qu'il sera un jour; ici, le ton alerte de ses réparties fait songer plutôt à la verve de Figaro. Et cependant, par son éducation, par ses mœurs, par ses préjugés sociaux, Mirabeau est aristocrate jusqu'au bout des ongles; chez lui, Figaro se confond avec Almaviva.

Le lieutenant criminel rejeta du débat la lettre à M. de Saint-Mauris et la requête en élargissement ; pour le surplus, il en référa aux officiers du bailliage. Mais ceux-ci rendirent, le 15 mars, une sentence bizarre qui, sans résoudre le litige, ordonnait simplement « que le procès-verbal de présentation des pièces de comparaison serait joint au procès, pour y avoir, en jugeant, tel égard que de raison » (1). Mirabeau triomphait : « Eh bien! lecteurs, dit-il, ne vous l'avais-je pas dit que je m'en tirerais? on ne fait pas plus ses circonstances que son visage : il faut plaire avec celui-ci quand il est laid et redresser les autres quand elles sont fâcheuses. J'y ferai le possible et l'impossible avec une grande activité, et je réussirai » (2).

Mirabeau fut encore confronté les 22 et 23 mars, avec deux des domestiques de M. de Monnier; puis

---

(1) Cote 148.
(2) *Deuxième Mémoire*, p. 147.

les confrontations furent interrompues, parce que, pour empêcher les témoins suisses de venir déposer, l'accusé avait eu recours à un procédé énergique : il avait agi auprès du Conseil d'Etat de Neuchâtel, dont il avait « dans sa manche les cinq plus fortes têtes » (1), grâce à la protection d'un ami de son père, le colonel de Sacconay, membre de la souveraineté de Berne. Le juge des Verrières, qui avait permis à Sombarde de citer plusieurs témoins en vue de la confrontation, dut suspendre cette permission, et à la suite d'un voyage que des Birons fit à Neuchâtel, le Conseil d'Etat décida que ses ressortissants pourraient aller déposer à Pontarlier, mais « dans la ferme confiance qu'ils ne seraient interrogés sur aucuns délits commis rière cette souveraineté » (2). Appuyé sur cet arrêt qui, dans sa pensée, « réduisait le procès à rien »(3), Mirabeau demande pour la seconde fois au bailliage de Pontarlier de déclarer son incompétence : on lui répond que le Conseil d'Etat a défendu aux témoins de déposer sur des faits passés en Suisse, qu'il ne s'agit pas aujourd'hui de les entendre sur des faits nouveaux, mais seulement de les confronter relativement à des dépositions reçues régulièrement il y a cinq ans ; et le 23 mars, le bailliage déclare persister dans son jugement du 21 février, qui a ordonné les confrontations. Mirabeau s'adresse de nouveau au Conseil d'Etat, et obtient enfin, le 8 avril, un arrêt par lequel l'assemblée neuchâteloise dit que, si elle autorise une

---

(1) Lettre de Mirabeau à du Saillant du 6 juin 1782; Vitry, p. 238.
(2) Arrêt du 14 mars 1782; cote 152.
(3) Lettre du 20 mars 1782, Vitry, p. 117.

confrontation entre les témoins et le comte de Mirabeau, c'est « moyennant et bien entendu que la confrontation demandée et les nouveaux interrogats qui pourront être adressés aux témoins n'auront pour objet aucun fait résultant de prétendus délits quelconques commis rière le ressort de la juridiction de cet Etat, à la souveraineté duquel droit et autorité d'en connaître doivent être attributifs » (1). Cette fois, la décision était précise, sinon élégante dans ses termes, et cet arrêt, « rendu contradictoirement, changeait bien la face des choses » (2). La procédure de Pontarlier était forcément interrompue, et les accusateurs se trouvaient dans l'impuissance de prouver le crime, soit par témoins, car on empêchait les témoins de se présenter; soit par écrit, car la sentence du bailliage rendait la vérification d'écriture impossible. Ce dernier jugement fut frappé d'appel par M. de Monnier.

Dès lors, la procédure est portée au Parlement de Besançon. A ce moment solennel, comme pour résumer toute sa défense, et en soumettre les éléments à l'opinion publique, Mirabeau compose son deuxième Mémoire. Il avait écrit lors de la publication du premier : « le vraiment redoutable mémoire, si l'on m'y force, sera celui de la confrontation » (3). Maintenant, il tient parole.

Le *Deuxième Mémoire*, qui porte la date du

---

(1) Cote 165.
(2) Lettre précitée du 6 juin 1782.
(3) Lettre à Mme du Saillant du 17 février 1782; Lucas de Montigny, p. 243.

12 avril 1782, s'adresse au « bon lecteur, qui, sans être Valdahon, ni Mirabeau, s'intéresse pour celui-ci, parce qu'il lui parait plus gai que malin, plus malin que méchant, animal impatient, fougueux, irascible, mais tendre, aimant, et au demeurant très bon homme, parce que, d'ailleurs, les barreaux, les grilles et les verroux sont des préfaces attendrissantes » (1). La défense y est aussi fortement combinée sur le terrain juridique que sur celui de la discussion des faits.

Mirabeau a été condamné, en 1777, pour rapt de séduction et pour adultère ; or, à chacun de ces chefs d'accusation, il oppose une fin de non-recevoir. On l'a condamné, lui, homme marié, pour avoir enlevé Mme de Monnier, mariée également ; eh bien ! les lois ne punissent le rapt de séduction qu'autant qu'il a été commis à l'égard d'une fille mineure, et que ce rapt a eu pour but de faciliter un mariage. Pour obtenir des premiers juges une condamnation, la partie civile s'est prévalue d'un texte de l'Ordonnance de Blois, rendue en 1579 par le roi Henri III ; mais elle a altéré ce texte en le citant. D'ailleurs, plusieurs ordonnances postérieures contredisent l'interprétation qu'on a réussi à faire admettre par le bailliage ; c'est ce que Mirabeau démontre victorieusement.

On l'a condamné pour crime d'adultère, ainsi que Mme de Monnier. Dans la *Correspondance de Vincennes*, Mirabeau aimait à soutenir que Sophie n'avait pas pu commettre d'adultère, son mariage

---

(1) P. 141.

avec M. de Monnier n'ayant jamais été consommé (1). A Pontarlier, il abandonne un moyen dont la justification aurait été au moins difficile, mais il en invoque un autre plus décisif : M. de Monnier n'a pas porté plainte pour adultère, sa requête de plainte est muette sur cette incrimination ; or, l'adultère est un crime privé, dont le ministère public n'est pas recevable à former l'accusation, lorsque le mari ne se plaint pas.

« Notre cause, écrivait Mirabeau, est meilleure sur le fait d'adultère, que sur celui de rapt de séduction, c'est-à-dire qu'elle est plus pleine et plus complète ; car pour ceci nous n'avons qu'un texte de loi, tandis que nous avons, pour l'autre, sept moyens péremptoires et victorieux. Or, dans le mauvais et honteux état de notre jurisprudence, et la corruption de nos tribunaux, il vaut mieux avoir pour soi la forme que le fond » (2). Ce n'est point d'ailleurs qu'il méconnaisse l'importance des formes légales, inventées « pour donner à l'innocence la sauvegarde du temps qui dissipe les préjugés, qui calme les passions, qui dévoile la partialité, qui amène la vérité plus ou moins parfaite : ces formes qui fondent à juste titre notre plus ou moins grande sécurité » (3). Il se prévaut en conséquence avec une grande supériorité des ressources que leur omission lui fournit.

Quant au fond du procès, Mirabeau nie tout ce qu'on

---

(1) Lettres à Sophie des 16 juillet et 9 octobre 1779 ; t. III, p. 65, 69 et 167.
(2) Lettre du 21 février 1782 : Vitry, p. 69.
(3) *Deuxième Mémoire*, p. 214.

lui impute, conteste tout ce qui fait charge contre lui, sans s'occuper de savoir si les faits sont plus ou moins notoires : « Il est possible que tu ne saches pas, toi, écrit-il à sa sœur, mais mon père sait bien que les juges ne peuvent ni ne doivent décider comme hommes, qu'ils ne doivent prononcer que comme juges ; que les faits les plus notoires ne leur sont rien, s'ils ne sont pas légalement prouvés ; qu'ainsi fort peu importe que *les faits soient trop connus*, comme vous ne cessez de le répéter, mais que beaucoup importe qu'ils ne soient pas *établis*, qu'ils ne le sont pas, qu'ils ne peuvent pas l'être » (1).

En effet, de preuves légales, on n'en a contre lui que de bien vacillantes. Pour prouver l'adultère, on dit qu'en janvier 1776, il a couché plusieurs nuits dans la maison de M. de Monnier, à l'insu de celui-ci ; qu'à la fin de janvier et en février, il s'est introduit plusieurs fois la nuit chez M. de Monnier. Mais qui dit cela ? les domestiques de M. de Monnier ? comme tels ils doivent être reprochés ; d'ailleurs, à la confrontation, Mirabeau s'y est pris de telle manière que tous se sont, au moins tacitement, rétractés. Mlle Barbaud ? la déposition de ce témoin est incohérente, contradictoire ; plusieurs fois, l'accusé l'a surpris en flagrant délit d'erreur ou de mensonge ; sa déposition doit être entièrement rejetée du débat. On articule d'autres faits d'adultère qu'on dit s'être passés aux Verrières-Suisses ; mais le juge de Pontarlier n'est pas compétent pour en connaître, et d'ailleurs, les témoins suisses n'ont pas été confrontés à l'accusé.

(1) Lettre à Mme du Saillant du 9 avril 1782 ; Lucas de Montigny, p. 248.

Pour ce qui concerne l'accusation de rapt, il est certain que Mme de Monnier a quitté la maison de son mari le 24 août 1776 ; Mirabeau veut bien ne pas contester le fait, mais on n'établit pas qu'il ait aucunement favorisé ce départ. Pour prouver sa connivence, on n'a qu'une lettre, une simple lettre pour prouver un crime qui ne souffre que la preuve testimoniale, une lettre qui peut fort bien être le résultat des machinations de Mlle Barbaud. Au fond, l'accusé ne paraît pas éloigné d'avouer cette lettre, car on ne peut même en tirer contre lui aucune charge : le texte qu'elle renferme ne se rapporte qu'imparfaitement aux évènements qui ont suivi, et il est certain que, Mme de Monnier n'en ayant pas eu connaissance, cette lettre n'a pu servir à favoriser sa fuite.

Mirabeau aurait d'autres critiques à formuler contre la procédure, mais le Parlement étant saisi désormais, il attend son arrêt avec confiance. En présence de tant d'iniquités, il pourrait peut-être prendre ses juges à partie, mais « que gagnerais-je, dit-il, à des haines éternelles ? Tous ces hommes ont été plutôt faibles que corrompus, le prévaricateur Sombarde excepté. A lui seul, je voue la guerre, et comme homme et comme citoyen ; quant aux autres, je les absous autant qu'il est en moi » (1).

Tel est en substance ce beau Mémoire que Mirabeau écrivit dans le milieu « infect et tumultueux » d'une prison, « entouré de fiévreux et dans la malpropreté la plus fétide ». Mais, dit-il, « je brûle du vinaigre, et

---

(1) *Deuxième Mémoire*, p. 211.

encore une fois, je compte toutes ces babioles là pour rien » (1). Ce Mémoire eut un immense succès : « il est au compte de l'imprimeur, écrivait Mirabeau, à qui je ne paye que les exemplaires réservés » (2).

Ce système de défense est bien l'œuvre de Mirabeau, conseillé, il est vrai, par des Birons et par Michaud, mais qui s'est plongé, lui gentilhomme, dans le fatras des lois et des arrêts. Dans ses lettres, le marquis de Mirabeau parle souvent en plaisantant de son fils, « devenu avocat en la cour » (3). Aussi les avocats ne tarissent-ils pas d'éloges sur le compte de ce nouveau confrère. Mirabeau écrivait au lendemain de son premier interrogatoire : « Mes conseils ont été étonnés de tout le terrain que j'avais gagné sur eux » (4). C'est bien autre chose lorsque l'affaire arrive devant le Parlement. Mirabeau s'est assuré le concours de trois avocats célèbres de Besançon : Lombard, Rainguel et le professeur Courvoisier, ce dernier grâce à l'intervention du prince de Bauffremont: « les bras, écrit-il, sont tombés à nos trois avocats à la vue des confrontations... ils disent que jusqu'ici nous nous défendons avec la plus éminente supériorité ; ils demandent où j'ai appris leur métier, et de plus ils avouent n'être que des écoliers en cette matière, parce qu'elle ne se présente presque jamais, parce qu'elle est très éparpillée dans les lois, qu'ils

---

(1) *Premier Mémoire*, p, 34. — *Deuxième Mémoire*, p, 79 et 210. — Lettre du 26 février 1782 ; Vitry, p. 73.
(2) Lettre à Mme du Saillant, du 23 avril 1782 ; Lucas de Montigny, p. 250.
(3) Lettre au bailli du 15 février 1782 ; *ibid*, p, 232.
(4) Lettre du 14 février 1782 ; Vitry, p. 65.

n'ont jamais eu l'occasion de l'approfondir, de sorte qu'il faut leur indiquer tous les moyens, tous les livres, toutes les autorités, et que nous ne les prenons exactement que pour le crédit de la cause » (1). Il dit ailleurs : « ma conduite est admirée par tous les gens du métier d'un côté, et de l'autre par tous ceux qui aiment le courage » (2). Il écrit enfin le 15 avril : « les gens de loi répugnent ordinairement à adopter un système de défense qu'ils n'ont pas tracé, et y trouvent toujours à redire, soit pour se mettre à l'abri de l'évènement, soit pour augmenter leur mérite en cas de succès. Eh bien, tout le barreau de Besançon est dans l'étonnement le plus complet de mes défenses, et dit que nous l'instruisons à fond sur cette matière. L'avocat Blanc lui-même, le principal conseil de M. de Monnier, a dit : « il faut avoir trente-
« six fois raison pour l'avoir avec cet homme ; vous
« êtes bien loin de là, ainsi accommodez, si vous n'es-
« pérez pas le fatiguer » (3).

Le marquis de Mirabeau n'approuvait pas cette défense, qui lui paraissait imprudente, et les Mémoires, publiés contre son gré, l'avaient exaspéré. Le bailli au contraire défend son neveu, et augure bien de l'issue du procès : « Honoré, écrit-il, en revend à son avocat, car ces vils marchands de parole n'ont dans la bouche que ce qu'on leur met dans l'oreille, et il se défend de bois vert. Mais je vois aussi que tout est corrompu, ce qui me fait trembler,

---

(1) Lettre du 9 avril 1782 ; *ibid*, p. 128.
(2) Lettre du 14 avril 1782 ; *ibid*. p. 130.
(3) Lettre du 15 avril 1782 ; *ibid*. p. 130.

quoiqu'il trouve le secret de tout nier et de rendre le crime improbable, ce qui peut fort servir ici » (1). Et encore : « il a parlé avec une énergie, qui, j'en conviens, paraît insolente, mais c'est parce qu'on ne veut plus d'énergie que contre la Trinité; du reste, il attaque de vils robins vendus, aussi pervers que bêtes, ce qui n'est pas peu dire, et dont l'impudente partialité aurait échauffé une tête plus froide que la sienne » (2).

Les débats devant la Tournelle du Parlement devaient commencer le 20 avril. La cabale parlementaire s'agitait fortement, des conseillers disaient crûment qu'ils étaient parents et des Birons ne pouvait pénétrer jusqu'au procureur général. Les plaidoiries eurent lieu les 20 et 27 avril, nous ne pouvons pas évidemment en connaître les termes, nous savons seulement que Michaud et son beau-frère l'arguez, lieutenant particulier au bailliage de Pontarlier, qui, en maintes circonstances déjà, avaient été dénoncés au procureur général à cause de l'amitié qu'ils témoignaient à Mirabeau, furent gravement insultés par les avocats de M. de Monnier. « Ils ne dévoreront pas cette injure, écrivait notre héros; que de scandale, que de haine, que d'acharnement, que de cupidité ! Et l'on veut que je ne couvre pas de boue ces gens-là ! Malheur à eux, s'ils insultent Michaud par écrit. Sa vengeance est bien le moins que je doive à l'amitié et à la reconnaissance » (3).

---

(1) Lettre au marquis du 26 février 1782 ; Lucas de Montigny, p. 242.
(2) Lettre au marquis du 12 juin 1782 ; *ibid.* p. 266.
(3) Lettre du 23 avril 1782 ; Vitry, p. 193.

L'arrêt fut rendu le 4 mai. La cour avait à statuer : 1° sur l'appel de M. de Monnier, formé le 21 Mars contre les jugements des 11 et 15 du même mois, relatifs aux pièces de comparaison, 2° sur l'appel incident, formé le 19 avril par Mirabeau contre le jugement du 21 février, ordonnant la vérification de la lettre, et contre le décret de prise de corps rendu en 1776 ; Sombarde en effet n'avait pas suivi sur son appel contre la sentence d'élargissement provisoire, et Mirabeau prenait cette voie pour réclamer une fois de plus sa liberté. La cour débouta l'accusé tant de son appel que de sa demande en élargissement ; elle fit droit à l'appel de M. de Monnier, en ce sens qu'elle admit comme pièces de comparaison pour la vérification de la lettre, « les signatures apposées au bas des interrogatoires de l'accusé, ainsi que les écrits et signatures contenus dans les actes de cautionnement et d'élection de domicile, par lui remis au greffe du bailliage de Pontarlier » ; elle renvoya le procès « devant les juges de Pontarlier non suspects, autres que ceux qui avaient rendu les jugements des 11 et 15 mars » ; enfin elle prononça la suppression des Mémoires, déjà mis en circulation par Mirabeau. Cette dernière partie de l'arrêt ne fut pas exécutée, car le garde des sceaux ne voulut pas se prêter à la suppression des exemplaires qui circulaient dans tout le royaume.

La perte de l'incident fut pour Mirabeau un coup d'autant plus terrible qu'il était inattendu. « Cet arrêt, écrivait-il, tous les matins à mon réveil, me semble être le reste des songes d'une nuit trop agitée » (1). Mais comme il n'était pas homme à s'abandonner, il eut vite repris son sang-froid, et se décida à faire usage d'un moyen qu'il avait tenu en réserve pour la fin, car il frappait de nullité toute la procédure : Sombarde, « le cher Sombarde », celui qui l'avait poursuivi avec tant d'âpreté et de rigueur, Sombarde était parent de la partie civile au degré prohibé. Dès le 8 mai, Mirabeau se porte appelant de toute la procédure, évoque l'affaire de la Tournelle à la Grand'Chambre du Parlement, et quatre jours après, lance à l'appui de sa demande en cassation le troisième et dernier Mémoire, celui que les connaisseurs appelaient la Philippique du comte de Mirabeau, celui dont il n'a pu s'empêcher de dire lui-même : « Si ce n'est pas là de l'éloquence, inconnue à nos siècles esclaves, je ne sais ce que c'est que ce don du ciel si précieux et si rare » (2). Le moyen de nullité lui paraît si sûr, que le Parlement, dit-il, ne peut pas le rejeter sans « prononcer que midi est minuit ». Si par impossible il perd l'incident, Mirabeau est décidé à faire casser les deux arrêts au Conseil du roi, et à demander un autre parlement ; mais « s'il juge bien, un arrêt du Parlement de Besançon, vu la prévention, en vaut cinquante autres » (3). Lorsque la cassation aura été prononcée, il est clair d'abord que la procédure ne pourra pas recommencer pour l'adultère, car il y aura plus que prescription, dans ce cas aussi on ne pourra certaine-

---

(1) Lettre du 22 mai 1782 ; *ibid.* p. 229.
(2) Lettre du 12 mai 1782 ; *ibid*, p. 199.
(3) Lettres des 22 et 28 mai 1782 ; *ibid.* p. 229 et 235.

ment pas refuser à l'accusé sa liberté provisoire. Il espère être jugé sur tout cela avant la mi-juin.

Vers ce temps-là, le marquis de Mirabeau, effrayé par l'arrêt du Parlement, et croyant que déjà son fils avait « la tête sur billot » (1), comprit qu'il était temps pour lui d'intervenir et de tout terminer. Depuis longtemps la partie civile demandait à traiter, mais toujours Mirabeau avait repoussé ses avances. Dès le mois de février, lorsque l'avocat des Valdahon était venu lui faire des propositions d'arrangement, il avait refusé de traiter en prison : « il faut d'abord « que Sombarde me désécroue », avait-il répondu, et comme l'avocat demandait la permisssion de revenir: « je lui ai répondu que oui, écrivait-il, car il est un homme fort aimable, mais à condition qu'il ne parlerait pas d'affaires » (2). Pendant l'impression du deuxième Mémoire, dont il avait eu connaissance par une indiscrétion, M. de Valdahon avait couru chez le chevalier de Lafferrière, pour dire qu'il consentait à tout arrangement, pourvu que Mme de Monnier en fût exclue. On offrait à Mirabeau son absolution sur le fait de rapt, avec une simple condamnation pour adultère ; il aurait interjeté appel sur le champ, et l'appel n'aurait été vidé qu'après la mort de M. de Monnier. Il n'avait voulu rien écouter ni rien entendre. En mai, après l'arrêt, Mirabeau se montrait plus intraitable que jamais : « la vue de l'échafaud, disait-il, vis-à-vis de ma fenêtre, ne me ferait

---

(1) Lettre du 31 mai 1782 ; Lucas de Montigny, p. 260.
(2) Lettre du 21 février 1782 ; Vitry, p. 69.

pas accepter de propositions en prison » (1). Aussi lorsque le marquis jugea à propos d'envoyer du Saillant, son gendre, à Pontarlier, pour terminer l'affaire, on cacha d'abord ce départ à Mirabeau, « de peur de ses jactances » (2). Cependant au commencement de juin, les propositions des adversaires devinrent si avantageuses, qu'on put lui faire entendre raison, et que les paroles s'échangèrent. « Je ne crois pas, disait-il, qu'il soit possible de sortir avec plus d'honneur d'une aussi triste affaire... je fais absolument la loi par ma coaccusée..., et je ne paye pas même les frais, auxquels le Parlement m'a condamné »(3). « Ton neveu s'est rendu de bonne grâce, écrivait de son côté le marquis : tu ne te figures pas à quel point le drôle en impose en présence : car je suis bien informé, et je sais qu'on pense généralement qu'il eût accommodé, sans du Saillant, avec toute son extravagance, et peut-être, on dit même à coup sûr, plus avantageusement... au fait il est possible que ses enragés Mémoires soient ce qui lui a valu ce four de campagne, sous lequel cette affaire va être ensevelie, et qu'ils lui servent ailleurs » (4).

La transaction, dont les termes paraissaient ainsi arrêtés au milieu de juin, ne fut cependant signée à Besançon que le 11 août 1782, et « non sans peine, car toutes les têtes étaient échauffées, et les procu-

---

(1) Lettre du 2 mai 1782 ; *ibid.* p. 195.
(2) Lettre précitée du 31 mai 1782.
(3) Lettres des 11 et 13 juin et 7 juillet 1782 ; Vitry, p. 244, 245 et 247.
(4) Lettres au bailli des 19 et 20 juin 1782 ; Lucas de Montigny, p. 272 et 273.

reurs jetaient de l'huile sur le feu, désespérés de voir échapper leur proie » (1). Il était stipulé dans cet acte que Mme de Monnier serait séparée de corps et de biens avec son mari, qu'elle renoncerait à tous les avantages de son contrat de mariage, même à son douaire et à ses droits de communauté, qu'elle reprendrait la libre jouissance de sa dot, et qu'elle resterait « pendant la vie de M. de Monnier, et encore un an après la mort de celui-ci, dans le couvent où elle était depuis 1778 ». Quant au comte de Mirabeau, « moyennant l'accomplissement des conditions ci-dessus, il se désistait de l'appellation qu'il avait interjetée de la procédure, instruite au bailliage de Pontarlier, à la requête du marquis de Monnier et de l'homme du roi ; toutes les difficultés nées ou à naître au sujet tant de la plainte portée que de la sentence obtenue devaient demeurer éteintes et terminées, sans que les parties pussent se rechercher à cet égard de quelque manière et sous quelque prétexte que ce fût : M. de Monnier consentant que ladite sentence fût comme non avenue dans tous les points... » (2). Ainsi les termes de l'arrangement étaient combinés de telle manière que Mirabeau paraissait faire un sacrifice, en se retirant d'une procédure, qui lui avait fait perdre sa liberté depuis six mois, et qu'il semblait faire ce sacrifice en échange des avantages stipulés pour Mme de Monnier.

Cette transaction fut homologuée le 14 août par le

---

(1) Lettre du marquis du 17 août 1782 ; *ibid.* p. 278.
(2) Cote 168.

siège de Pontarlier, et Mirabeau sortit enfin de prison. Il resta quatre jours encore à Pontarlier, courant les rues et bravant les Saint-Mauris et les Petit qu'il avait si cruellement outragés dans ses écrits, puis il partit pour Neuchâtel, fort humilié de n'avoir pu rembourser son procureur, le sieur Parrod, et ses amis, Michaud et Bourrier, « de fort honnêtes gens, écrivait le marquis, et qui se sont fondus pour lui »(1). Malgré cette appréciation favorable, le père de Mirabeau ne voulut faire aucun sacrifice pour les désintéresser. Une lettre inédite, dont un brouillon est resté annexé au dossier de la procédure, montre qu'en mars 1784, le procureur Parrod n'était pas encore payé, même de ses avances : « Je ne pensais pas, écrit-il, qu'un homme de sa naissance chercherait à tromper un homme, qui lui avait rendu des services réels, qui s'était sacrifié pendant six mois de temps pour cette affaire, en abandonnant entièrement son bureau. » Cette lettre était adressée à Mme de Ruffey : on ignore si de ce côté le sieur Parrod fut plus heureux dans ses démarches ; on peut cependant croire que non, car, en germinal an IV, Parrod, devenu commissaire du Directoire à Pontarlier, faisait prendre encore des informations discrètes sur la consistance de la succession Mirabeau.

Mirabeau partit pour la Provence, où d'autres luttes judiciaires l'attendaient. Quant à Mme de Monnier, son mari étant mort à Pontarlier le 4 Mars 1783, elle fut libérée le 31 janvier suivant, ainsi que les

---

(1) Lettre du 13 septembre 1782 ; Lucas de Montigny, p. 275.

registres de la police en font foi. Mais elle resta comme pensionnaire dans le couvent, où elle avait été si longtemps enfermée. On sait qu'elle s'asphyxia à Gien le 9 septembre 1789, ne voulant pas survivre à un M. de Potherat qu'elle était sur le point d'épouser. Ainsi cette femme dont l'amour de Mirabeau a fait toute la gloire, mourut d'amour pour un autre que Mirabeau.

PIÈCES JUSTIFICATIVES.

I

Lettre de Louis XVI à l'occasion de son sacre.

Monsieur le comte de Saint-Mauris, la divine providence qui a placé la couronne sur ma tête beaucoup plus tôt que je ne l'aurais désiré, me fait trouver de nouvelles forces pour en soutenir le poids. La satisfaction que mes peuples ont témoignée à l'occasion de mon sacre et couronnement, qui se fit hier avec toute la solennité requise en pareille circonstance, les acclamations qui m'ont accompagné pendant et après cette auguste cérémonie ont pénétré mon cœur d'un sentiment profond qui ne s'effacera jamais. C'est pour obtenir de l'Être suprême, qui veille si visiblement sur la monarchie, qu'il attache à l'onction sacrée que je viens de recevoir toutes les grâces que ma confiance en sa divine bonté doit me faire espérer, qu'il m'accorde la prudence, la première vertu des rois, et qu'il maintienne mes sujets dans la paix et la tranquillité qui seront toujours les plus chers objets de mes soins et dans lesquels un roi vraiment chrétien doit envisager la solide gloire de son règne ; je donne ordre aux archevêques et évêques de faire chanter le *Te Deum* dans toutes les églises de leurs diocèses, et je vous fais cette lettre pour vous dire que mon intention est que vous assistiez à celui qui sera chanté dans la principale église de la place où vous commandez, que vous invitiez les officiers de justice et autres de s'y trouver, que vous fassiez tirer le canon, faire des feux de joie et donner toutes les marques de réjouissances publiques usitées en pareil cas, et la présente n'étant pour autre fin, je prie Dieu qu'il vous ait, monsieur le comte de Saint-Mauris, en sa sainte garde. Écrite à Reims le 12 juin 1775. *Signé* : Louis.

(*Extrait du registre de délibérations du bailliage de Pontarlier, f° 104.*)

II

Extraits de Dépositions

reçues aux Verrières-de-Joux, les 4 et 5 avril 1777, dans l'Information par addition.

N° 12. — MARIE-MAGDELEINE BOLE, 22 ans, aux Verrières de Neuchâtel. — Le 24 août de l'année dernière, environ les onze heures du soir, la déposante entendit frapper à la porte d'entrée de la maison de la dame Bole, sa tante, chez qui elle demeure. L'ayant ouverte, elle trouva que c'étaient deux messieurs, à elle inconnus, qui demandèrent à loger ; leur ayant fait réponse que ce n'était pas une auberge, un des inconnus dit qu'il connaissait Mme Bole et demandait à lui parler ; sur quoi elle lui dit qu'elle était absente, et, comme il faisait très mauvais temps, elle fit entrer lesdites deux personnes, qui se mirent auprès du feu. Elle déposante faisant difficulté de leur donner à coucher, l'un dit qu'elle n'avait rien à craindre, qu'il était le comte de Mirabeau et que la personne qui l'accompagnait était Mme la marquise de Monnier, déguisée sous un habit d'homme. Après avoir bu du sirop et de la liqueur, ils demandèrent une chambre ; leur ayant proposé une chambre à deux lits, ils répondirent qu'ils se contentaient d'une chambre à un lit, et que, dans quelque place de la maison qu'on les mît, fût-ce dans un grenier sans lit, ils seraient contents, pourvu qu'ils fussent ensemble.

... Le comte de Mirabeau avait un habit vert, veste et culotte jaunes, bas blancs, une épée au côté et des pistolets de poche à deux coups. La dame de Monnier avait un habit tirant sur la couleur de vin avec un petit galon en argent, veste jaune galonnée de même en argent, une culotte de velours noir, bas de soie noire, souliers d'homme, un chapeau ou bonnet gris de campagne bordé d'un petit galon en or ; et même la dame de Monnier dit que c'était celui de M. le marquis.

... Le soir de l'arrivée de la dame de Monnier et du comte de Mirabeau, celui-ci, adressant la parole à la déposante, lui dit de se souvenir que c'était la dame de Monnier qui l'était venu trouver ; celle-ci se mit à rire.

N° 13. — HENRI LAMBELET, 20 ans, horloger aux Verrières de Neuchâtel. — Sur la fin du mois d'Août de l'année dernière, étant allé passer l'après-souper chez la dame Bole, sa marraine, il y trouva le comte de Mirabeau et la dame de Monnier... Celle-ci dit qu'on l'avait mariée à seize ans, qu'elle était alors une enfant, qu'elle se mariait actuellement elle-même; qu'elle avait resté avec M. de Monnier quelques années et n'avait jamais été mariée avec lui.

... Le déposant a ouï dire, dans la même entrevue, à la dame de Monnier, sur ce qu'il lui représentait que M. de Monnier devait être fort en peine de son évasion, qu'elle était sûre qu'il disait actuellement à ses domestiques : « eh bien ! mes enfants, madame de Monnier est partie, que le bon Dieu la conduise ! » Ladite dame se disant Mme de Monnier et annoncée telle par le comte de Mirabeau, paraissait de l'âge d'environ 21 ans, visage rempli, joues boursouflées et rouges, les yeux et cheveux noirs, d'une taille grasse et embarrassée, comme une femme déguisée en homme. Et, sur le propos qu'il leur dit qu'on faisait des recherches contre eux, le comte de Mirabeau lui dit que, si jamais on venait à les trouver, il aimerait mieux brûler la cervelle à Mme de Monnier que de la laisser prendre, que sûrement elle serait enfermée pour le reste de ses jours.

N° 14 — SUZANNE-MARIE BOLE, servante chez la lieutenante Bole, aux Verrières de Neuchâtel. — Le 24 du mois d'août de l'année dernière, environ les onze heures du soir, la déposante vit entrer deux personnes extrêmement mouillées dont l'une, qui paraissait la plus âgée, visage rempli, beaucoup taché de petite vérole, de la taille d'environ 5 pieds 3 à 4 pouces; ...l'autre qui paraissait de l'âge d'environ 22 ans, teint blanc, haut en couleur, visage rond et rempli, ayant un bouton sur un œil... La demoiselle Bole et elle déposante leur ayant dit qu'il n'était point décent à deux filles de leur donner logement, celui qui était le plus âgé, et qui se dit être le comte de Mirabeau, dit qu'il n'y avait rien à risquer, que le jeune était Mme la marquise de Monnier.

...Le lendemain, qui était un dimanche, environ le midi, elle entra dans leur chambre et leur dit qu'elle venait de voir des cavaliers de maréchaussée, qu'elle soupçonnait qu'on faisait des recherches de leurs personnes, et qu'ils devaient s'en aller; le comte de Mirabeau dit qu'on ne devait pas les mettre dans la rue, qu'il avait peur d'être repris, que Mme la marquise était maîtresse de ses volontés, et celle-ci dit qu'elle ne se laisserait pas arrêter, qu'il y avait trop longtemps qu'elle aspirait au bonheur d'être avec le comte de Mirabeau, et qu'elle aimerait mieux se brûler la cervelle.

N° 15. — JEANNE-MARIE MONTANDON, veuve d'Henri Bole, lieutenant en la justice des Verrières-Suisses, y demeurant. 52 ans. — ...Quelquefois le comte de Mirabeau disait, par manière de badinage, à la dame de Monnier : « Vas-t'en ! que fais-tu ici ? pourquoi m'es-tu venu trouver ? » Et la dame de Monnier répondait : « Non, non ! il y a assez longtemps que je désire ce moment; je n'ai jamais été mariée avec M. le marquis, ce sont mes parents qui ont fait ce mariage. Si jamais on m'arrête, on ne m'aura pas en vie; j'avalerai ce qui est dans ce petit paquet », donnant à entendre que c'était du poison. Et le comte de Mirabeau lui ayant demandé ce petit paquet, elle ne voulut pas le lui donner. La déposante ayant demandé à ladite dame comment elle avait pu sortir de la maison de M. de Monnier, elle dit que c'était après souper et au moment où on allait faire la prière; qu'elle avait prétexté d'être incommodée, qu'elle avait pris une lumière pour aller au jardin, qu'elle s'était servie de l'échelle du jardinier pour monter sur la muraille du jardin, qu'elle avait ensuite repassé cette échelle pour descendre.

N° 16. — PIERRE-DAVID GUYE, lieutenant de milice bourgeoise, aux Verrières de Neuchâtel, 40 ans. — ... Le 20 ou le 21 du mois de mars dernier, étant à table chez le cabaretier Lambelet, demeurant aux Verrières-Suisses, avec M. Lambelet, capitaine et chevalier du mérite militaire, et Jean-Jacques Rosselet, dit Loiseau, les deux domiciliés aux Verrières, la conversation ayant tombé sur l'évasion de Mme de Monnier, Rosselet dit qu'il était au fait de cette affaire-là, puisqu'il avait été chargé par le comte de Mirabeau de se rendre à Pontarlier et d'aller droit aux Sablonnières de cette ville, qu'il y trouverait des personnes à qui il indiquerait le chemin des Verrières par la montagne. S'y étant rendu, le 24 du mois dernier, les 9 heures du soir, il trouva auxdites Sablonnières deux personnes à lui inconnues, qui étaient les mêmes personnes qui lui avaient été désignées par le comte de Mirabeau. On délibéra si on passerait par le Rempart ou par la Grand'Rue; ils avaient suivi ce dernier parti, et lorsqu'ils furent arrivés près du vieux magasin des sels, situé sur la grande route conduisant en Suisse, au bout du faubourg Saint-Etienne de ladite ville, il s'y trouva un homme à lui inconnu, tenant un cheval de selle, qui leur dit : « est-ce vous ? » Ceux de sa compagnie répondirent : « oui », et à l'instant celui qui tenait le cheval donna la main, ainsi que lui Rosselet, à une des deux personnes qu'il avait trouvées aux Sablonnières et prirent tous ensemble le sentier qui passe sur la montagne pour arriver aux Verrières. Lorsqu'ils furent parvenus sur la frontière suisse, le comte de Mirabeau, accompagné d'une autre personne, demanda : « est-ce vous ? » on lui répondit : « oui », et aussitôt il se jeta avec ardeur et empressement sur la personne à cheval, l'embrassa et la descendit de cheval. Ledit Mirabeau lui donna ordre de conduire les deux autres personnes et le cheval au cabaret du Lion-d'Or aux Verrières-Suisses, et passa par derrière les maisons avec la personne qu'il avait descendue de cheval.

(*Document inédit. Cote 90 de la procédure.*)

III

Sentence définitive

rendue le 10 mai 1777, par M. Robelot, lieutenant criminel du bailliage de Pontarlier, assisté de MM. Maillard et Roussel, conseillers assesseurs civils et criminels, et Maillot, conseiller, procureur du roi honoraire audit bailliage.

...... Nous déclarons le Comte de Mirabeau fils, accusé, atteint et convaincu du crime de rapt de séduction en la personne de la dame Marie-Thérèse-Sophie Richard de Ruffey, de l'avoir attirée, le 24 août de l'an dernier, aux Verrières-Suisses, d'avoir procuré à ladite dame, habillée en homme, une retraite dans une maison dudit lieu, où ils ont demeuré ensemble dans une chambre à un lit pendant dix à onze jours, d'avoir commis le crime d'adultère avec ladite dame de Monnier et d'avoir ensuite conduit celle-ci plus avant dans le pays étranger ; — pour réparation de quoi nous condamnons le Comte de Mirabeau fils d'avoir la tête tranchée par l'exécuteur de la haute justice, sur un échafaud qui sera dressé à cet effet en la place des Casernes de cette ville, ce qui sera exécuté par effigie sur un tableau qui sera attaché, par ledit exécuteur de la haute justice, audit échafaud ; le condamnons à cinq livres d'amende envers le roi, et à quarante mille livres pour réparations civiles, dommages-intérêts envers le marquis de Monnier, applicables, à sa volonté, en œuvres pies ;

Nous déclarons la dame Marie-Thérèse-Sophie Richard de Ruffey, épouse du marquis de Monnier, atteinte et convaincue de s'être évadée de la maison de son mari, le 24 août de l'an dernier, environ les neuf heures du soir, et d'avoir commis le crime d'adultère avec le comte de Mirabeau ; — pour réparation de quoi nous condamnons ladite dame à être enfermée sa vie durant dans une maison de refuge établie à Besançon, ou dans telle autre semblable maison de religieuses de cette province, au choix de son mari, d'y être rasée et vêtue comme les filles de la communauté ; la déclarons déchue de tous ses droits de communauté, douaire, préciput et autres avantages à elle faits par son contrat de mariage ; ordonnons que sa dot appartiendra à son mari pour par lui en jouir en propriété, à charge de payer aux religieuses de la maison où elle sera renfermée, six cents livres de pension pour chacun an, de trois mois en trois mois, et par avance; la condamnons à dix livres d'amende envers le roi ;

Condamnons aussi le comte de Mirabeau et la dame de Monnier solidairement aux dépens du procès.

On lit, à la suite de l'expédition du jugement qui figure au dossier de la procédure :

L'an mil sept cent soixante-dix-sept, le dix-sept juillet, le présent jugement définitif a été publié à haute et intelligible voix, en la place des Casernes de la ville de Pontarlier, par moi soussigné, Jacques Besand, clerc juré au greffe du bailliage de Pontarlier, sur les empêchements du greffier dudit bailliage. Ce fait, l'effigie y mentionnée, étant en un tableau, a été attachée à un échafaud dressé en la même place par Claude-Antoine Chrétien, exécuteur de la haute justice au comté de Bourgogne, conformément et en exécution dudit jugement, ensuite des ordres de Monsieur le Procureur général. Fait les jour, mois et an susdits. *Signé* : BESAND.

(*Cote 102 de la procédure. — Ce jugement et ce procès-verbal ont été imprimés par Mirabeau en annexe au deuxième Mémoire*).

IV

Acte en Désaveu
de l'enfant né de Mme de Monnier, le 7 janvier 1778.

L'an mil sept cent soixante-dix-huit, le vingt février (1), environ les quatre heures de relevée, à Pontarlier, en la maison de M. le marquis de Monnier, en une chambre au rez-de-chaussée, prenant jour du côté du vent, par-devant nous Luc-Joseph Demesmay, notaire royal, demeurant audit Pontarlier, en présence des sieurs Jean-François Cornu, prêtre vicaire en chef aux Granges de Narboz; Claude-Etienne Colin, prêtre curé de la paroisse Notre-Dame de Pontarlier; Ignace-François Valinde, prêtre vicaire de celle Saint Bénigne et Saint-Etienne de ladite ville ; Antoine-Denis Tavernier, docteur en médecine; et Jean Baptiste Gresset, chirurgien de l'hôpital de Pontarlier, demeurant en ladite ville,

Fut présent messire Claude-François marquis de Monnier, seigneur de Nans, Courvières, Mamirolles et autres lieux, premier président honoraire en la Cour des Aides et Chambre des Comptes de Franche-Comté, demeurant audit Pontarlier, lequel étant au lit, dangereusement malade, et néanmoins en très bon sens et parfait jugement, comme l'ont reconnu et l'attestent le notaire et les témoins, leur a intelligiblement déclaré que....

Ici vient un exposé des faits relatifs à l'évasion de Mme de Monnier, à la poursuite criminelle, à la condamnation par contumace et à l'exécution par effigie; puis, l'acte continue ainsi qu'il suit :

.... Dès l'évasion, M. de Monnier n'a point habité avec ladite dame de Monnier, ne l'a pas vue, n'a pas su où elle s'était retirée, et n'en a pas eu de nouvelles jusqu'au moment où il a appris qu'elle avait été arrêtée, ainsi que le sieur Mirabeau, en Hollande, et conduite à Paris.

---

(1) Cet acte notarié précède de près de trois mois le premier acte de la procédure judiciaire en désaveu, qui porte la date du 9 mai 1778.

Il a été informé ensuite que, le sept janvier de la présente année, ladite dame Marie-Thérèse-Sophie Richard de Ruffey était accouchée d'un enfant du sexe féminin, à la Nouvelle France, rue de Belfond, en une maison dite l'hôtel de Charolais, chez la Dlle Douai, qui y est locataire, que cet enfant avait été baptisé le lendemain sous le nom de Sophie-Gabrielle.

Cet enfant étant étranger à M. de Monnier, ainsi qu'il l'a affirmé par serment ès mains du notaire, M. de Monnier entend et proteste se pourvoir en justice pour le faire déclarer illégitime et adultérin, et pour faire ordonner que la sentence qui le déclarera ainsi, sera transcrite en marge de l'acte de baptême dudit enfant ; et dans le cas où M. de Monnier viendrait à décéder auparavant d'avoir commencé l'instance, ou qu'elle fût jugée, il charge très expressément dame Jeanne-Antoinette-Gabrielle de Monnier, sa fille, épouse de Jacques-Marie Le Bœuf, seigneur de Valdahon, chevalier de Saint-Louis, colonel de cavalerie, de se pourvoir elle-même aux mêmes fins, et de suivre toute instance pour le faire décider et ordonner ainsi, lui donnant dès à présent pouvoir d'agir, même au nom de lui, M. de Monnier, en tout tribunal compétent, plaider, opposer, appeler et former toute demande jusqu'à sentence ou arrêt définitif, avec liberté de substituer tel procureur que bon lui semblera, promettant d'avoir son gré pour agréable. — De tout ce que dessus, etc.... (*Suivent les signatures ; celle du marquis de Monnier est tremblée et à peine lisible. — Document inédit.*)

V

Certificat à M. le comte de Mirabeau

L'an mil sept cent quatre-vingt-deux, le vingt-neuf avril, MM. les officiers du bailliage, assemblés extraordinairement à la chambre du Conseil, ensuite de la requête présentée au bailliage civil par M. Honoré-Gabriel Riquetti, comte de Mirabeau, tendant à ce qu'il lui soit délivré un certificat authentique portant qu'il n'est point intervenu de jugement en ce siège entre M. le marquis de Monnier, demandeur, contre Mme son épouse, et le sieur Charnaux en qualité de tuteur de l'enfant de la dame de Monnier, qui déclare ledit enfant bâtard; sur quoi il a été délibéré qu'il serait délivré un certificat à M. le comte de Mirabeau qui sera inséré en marge de la requête, portant que dans ledit procès il est intervenu : 1° Un jugement sur requête présentée de la part de M. le marquis de Monnier, portant : soient parties appelées, en date du 9 mai 1778; 2° un jugement à la date du 14 juin 1779, ordonnant le mis en cause du sieur Charnaux en qualité de tuteur aux corps et biens de Sophie-Gabrielle, fille de ladite dame de Monnier; 3° un jugement du 19 juillet 1779, qui fait jonction du mis en cause dudit sieur Charnaux, tuteur, à la matière principale; 4° un jugement à la date du 2 août 1779, qui condamne le marquis de Monnier à payer par provision audit sieur Charnaux, tuteur, la somme de quinze cents livres pour fournir aux aliments dudit enfant, et aux frais du procès; lequel jugement permet de faire procéder à une assemblée des principaux parents de la dame de Monnier pour délibérer sur l'objet du procès; 5° enfin, un jugement rendu le 6 décembre 1779, qui appointe les parties en droit : certifié de plus que, dès cet appointement en droit, il n'est intervenu dans l'instance aucun autre jugement.

(*Document inédit. — Extrait du registre des délibérations, f° 128.*)

VI

Arrêt

rendu le 4 mai 1782, par la Tournelle du Parlement de Besançon, sur l'incident pendant entre le marquis de Monnier, comparant par M° Girod, son procureur, assisté de l'avocat Blanc, et messire Honoré-Gabriel Riquetti, comte de Mirabeau fils, détenu dans les conciergeries du bailliage de Pontarlier, comparant par M° Chabot, son procureur, assisté de l'avocat Rainguel.

... Parties ouïes, et l'avocat général Marquis, pour le procureur général du roi,

La cour, après avoir vu les charges et informations, — prononçant sur l'appellation du comte de Mirabeau, a mis et met ladite appellation à néant, ordonne que les jugements dont est appel seront exécutés suivant leur forme et teneur ; — prononçant sur l'appellation émise par le marquis de Monnier, des jugements des 11 et 15 mars dernier, a mis et met ladite appellation et ce dont est appel à néant ; quant à ce, ordonne que les signatures apposées au bas des interrogatoires de l'accusé, ainsi que les écrits et signatures contenus dans les actes de cautionnement et d'élection de domicile, par lui remis au greffe du bailliage de Pontarlier, serviront de pièces de comparaison pour la reconnaissance de la lettre dont s'agit, ordonne que le surplus du jugement du 11 mars sera exécuté suivant sa forme et teneur, renvoie le procès et les parties par devant les juges de Pontarlier, non suspects, autres que ceux qui ont rendu lesdits jugements des 11 et 15 mars, pour y être suivi jusqu'à la sentence définitive inclusivement ; — déboute le comte de Mirabeau de sa demande en élargissement provisionnel, et le condamne aux dépens ; moyennant quoi il est suffisamment pourvu sur toutes les fins et conclusions des parties, sur le surplus desquelles la cour les déboute ; — faisant droit sur le réquisitoire du procureur général du roi, ordonne que les Mémoires imprimés et distribués sous le format d'un volume in-12°, et sous le titre de *Mémoire à consulter pour le comte de Mirabeau*, demeureront supprimés au greffe de la cour aux frais de ce dernier.

(Ce document inédit est extrait des archives du département du Doubs.)

VII

Acte

reçu à Besançon le 11 août 1782, par MM^{es} Chéry et Poulet, notaires dans cette ville, et auquel sont intervenus par divers mandataires. 1° le marquis de Monnier; 2° M. et Mme de Ruffey; 3° Mme de Monnier; 4° le comte de Mirabeau fils; 5° le marquis de Mirabeau (1).

... Lesquels ont convenu :

Art. 1er. — Mme de Monnier, en exécution de sa soumission aux ordres du roi (2), restera pendant la vie de M. de Monnier, son époux, et encore un an après la mort de celui-ci, dans le couvent où elle est actuellement, depuis mil sept cent soixante-dix-huit, et il demeure convenu que la révocation des dits ordres du roi ne pourra être demandée avant cette époque, sans l'agrément respectif et par écrit des familles de M. et de Mme de Monnier.

Art. 2. — M. et Mme de Monnier resteront, comme ils restent par les présentes, séparés de corps et de biens; en conséquence, Mme de Monnier renonce dès à présent à tous les dons et avantages qui lui ont été faits par son contrat de mariage, même au douaire et à la communauté, et s'oblige à donner après la mort de son mari toutes quittances, décharges et ratifications nécessaires à ce sujet.

Art. 3. — M. de Ruffey et de son autorité Mme de Ruffey s'obligent principalement et solidairement à procurer l'exécution des engagements ci-dessus contractés par Mme leur fille, pour laquelle ils se font forts et se portent expromisseurs

---

(1) M. et Mme de Ruffey, ainsi que Mme de Monnier étaient représentés par Jean-Stanislas Dunod de Charnage, conseiller au Parlement, Mirabeau par des Birons et son père par le marquis du Saillant.

(2) Dans le préambule de l'acte, il est parlé des « ordres du roi, manifestés par deux lettres de M. Amelot, ministre et secrétaire d'état en date du 4 du présent mois, adressées l'une à M. le président de Ruffey, l'autre à M. le marquis de Monnier; ensemble de la soumission de Mme de Monnier de s'y conformer ».

jusqu'à concurrence de quarante-cinq mille livres, et non au-delà.

Art. 4. — En échange des articles précédents, M. de Monnier cède et abandonne, toutefois sans garantie, à la dame son épouse tous intérêts non payés et à échoir de la dot qui lui a été constituée par son contrat de mariage, et lui donne par les présentes toutes procurations et autorisations nécessaires pour toucher et en faire quittance. M. de Monnier a de plus remis à l'instant à la dame son épouse, comme elle compare à cet effet, nippes et hardes servant à sa personne, dont décharge ; enfin, M. de Monnier s'oblige à faire payer par ses héritiers à la dame son épouse, en la ville de Dijon, la somme annuelle et viagère de douze cents livres, par moitié en deux termes égaux, dont le premier sera échu six mois après le décès de M. de Monnier.

Art. 5. — Moyennant l'accomplissement des conventions ci-dessus, M. le comte de Mirabeau se désiste de l'appellation qu'il a interjetée par lettres et exploit du 8 mai 1782, de la procédure instruite au bailliage criminel de Pontarlier, à la requête de M. le marquis de Monnier et de l'homme du roi, et toutes les difficultés nées et à naître, au sujet tant de la plainte portée par M. de Monnier que de la sentence par lui obtenue demeureront éteintes et terminées, sans que les parties puissent se rechercher à cet égard, sous quelque prétexte et de quelque manière que ce soit ; M. de Monnier consentant que ladite sentence soit comme non avenue en tous points, moyennant ainsi qu'il est dit ci-dessus, l'accomplissement du présent traité.

Art. 6. — Mais en cas d'inaccomplissement d'aucune des conventions ci-devant rappelées, de quelque part que vienne cette inexécution, toutes les parties rentreront dans leurs droits respectifs ; M. de Monnier et ses héritiers pourront à leur choix ou donner suite au procès de la même manière que si la présente transaction n'eût pas été faite, ou exercer contre M. et Mme de Ruffey l'action résultant des obligations par eux stipulées dans l'article 3. Si l'inexécution vient de M. de Monnier, Mme de Monnier pourra obtenir toutes lettres nécessaires pour purger la contumace, et M. le comte de Mirabeau conservera audit cas le droit de poursuivre l'appellation dont il se désiste, ou d'appeler à nouveau de la procédure pour proposer et faire valoir ses moyens de nullité, lesquels, ainsi que les exceptions et défenses de M. de Monnier, resteront intacts de part et d'autre.

Art. 7. — Les parties demanderont de concert l'homologation du présent traité au bailliage de Pontarlier, ainsi que l'autorisation d'office de Mme de Monnier ; les frais de ladite homologation, ainsi que ceux de la présente transaction seront supportés en commun par les parties.

... A l'instant, M. de Monnier, comme il compare, a déclaré qu'il n'a jamais eu de part à la demande, ni à l'obtention de la lettre de cachet du 14 juin 1778.

(*Cote 168 de la procédure. — Ce document a déjà été publié par Peuchet, dans les* MÉMOIRES SUR MIRABEAU ET SON EPOQUE. *Paris, 1824. 4 vol.*)

VIII

Acte de décès du marquis de Monnier.

Monsieur Claude-François marquis de Monnier, premier président honoraire de la Chambre des Comptes de Dole, âgé de 78 ans, est mort après avoir reçu les saints sacrements de l'Eglise, le quatre du mois de mars 1783, et le six du même mois a été inhumé dans l'église paroissiale de Saint-Bénigne au caveau de la chapelle de Saint-François-Xavier, en présence de Jean-François et de Jean-Ignace Saillard, de Pontarlier frères soussignés.

(*Ce document inédit est extrait du registre des décès des paroisses réunies de Saint-Bénigne et Saint-Etienne de Pontarlier, pour l'année 1783.*)

PONTARLIER. — IMPRIMERIE ET LITHOGRAPHIE V° E. THOMAS.

www.ingramcontent.com/pod-product-compliance
Lightning Source LLC
Chambersburg PA
CBHW070237100426
42743CB00011B/2085